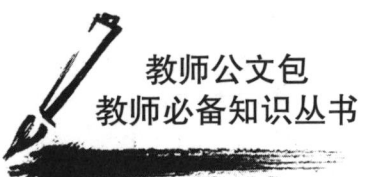
教师公文包
教师必备知识丛书

趣味数学

张琴 娄佃花 编

航空工业出版社

北京

内容提要

本书是一本以辅助教学为目标的教材,分别纳入了故事里天机道破、游戏中巧妙绝伦、谜题中茅塞顿开、伤脑筋问题开窍长智等四个篇章,条理清晰,结构严谨,从基础、重点出发,让教师在业余时间丰富自身知识涵养的同时,还能帮助教师学习和掌握教学的方法,是广大教师的必备教材。

本书针对中小学教师读者为主,对中小学教师提升自身素质和专业技能有所帮助。本书可作为教师培训教材也适合图书馆收藏。

图书在版编目(CIP)数据

趣味数学 / 张琴,娄佃花编. -- 北京:航空工业出版社,2019.1(2022.3 重印)
ISBN 978-7-5165-1806-9

Ⅰ.①趣… Ⅱ.①张… ②娄… Ⅲ.①数学课—中小学—教学参考资料 Ⅳ.①G633.603

中国版本图书馆CIP数据核字(2018)第298533号

趣味数学
Quwei Shuxue

航空工业出版社出版发行
(北京市朝阳区京顺路5号曙光大厦C座四层　100028)
发行部电话:010-85672663　010-85672683

永清县晔盛亚胶印有限公司印刷　　全国各地新华书店经营
2019年1月第1版　　　　　　　　2022年3月第2次印刷
开本:710×1000　1/16　　印张:8.75　　字数:134千字
印数:5001—11000　　　　　　　　定价:30.00元

目 录

故事里天机道破

故事里天机道破 …………………………………… 1
阿凡提巧取银环 …………………………………… 3
星期几的奥秘 ……………………………………… 6
分牛的传说 ………………………………………… 10
生死签 ……………………………………………… 13
百钱买百鸡 ………………………………………… 14
楚晋商人渡河 ……………………………………… 16
高塔逃生 …………………………………………… 18
普哇松分酒 ………………………………………… 21
韩信分油 …………………………………………… 22
姐妹卖柑子 ………………………………………… 24
五个生日相同的姐妹兄弟 ………………………… 25
"守株待兔"古今辩 ………………………………… 27
捷径的迷惑 ………………………………………… 31
抽签之谜 …………………………………………… 34
大敦穴的发现 ……………………………………… 37
凫雁相逢 …………………………………………… 39
洛书的神幻 ………………………………………… 40
游戏中巧妙绝伦 …………………………………… 43

游戏中巧妙绝伦

猜帽色 45
十五点 46
宁 蒙 48
摆硬币 51
魔术猜姓 55
玩扑克牌 59
十五子棋 61
石头、剪子、布 63
猜点数 66
三国棋 67
猜生年 69
约瑟芬选婚 71
制胜之道 72
不是魔术 73
耳朵好还是眼睛好？ 75
谜题中茅塞顿开 77

谜题中茅塞顿开

兔子繁殖 79
墨比乌斯环 82
四色问题 85
分配钥匙 87
直线分割圆面 88
猜 球 89
美的密码 91
狼羊渡河 93

一则广告	94
同一天过生日的人	96
都认识或都不认识	97
智辨帽色	98
一眼看不出的题目	100
红铅笔与黑铅笔	103
煎饼的时间	104
取苹果	104
骑马比慢	105
欲穷千里目	106
十元钱哪里去了	107
池塘里有多少条鱼	109
鉴别伪金币	109
谁高谁矮	110
移　子	111
折　纸	113
分割等腰梯形	113
卡片上的字母	114
伤脑筋问题开窍长智	117

伤脑筋问题开窍长智

"抢七十"	119
聪明的铁匠	121
地主的"善心"	122
张飞下棋	122
国王有多少兵	123
朝山进香	124

迷路的人 ··· 125
连三角形 ··· 125
翻扑克 ··· 126
与珠峰比高 ··· 126
多少张 ··· 127
撕书的人 ··· 128
偷鸡贼的抱怨 ··· 128
登梯条件 ··· 129
巧设电梯 ··· 130
海外来客 ··· 131

故事里天机道破

教师必备知识丛书

阿凡提巧取银环

阿凡提是新疆维吾尔族民间的传奇人物,智慧的化身。有一个关于阿凡提巧取银环的故事,在新疆几乎家喻户晓。说的是:

一天,财主 G 对雇工 M 说:"我有一串银链,共有七个环。你给我做一周的工,我每天付给你一个银环,你愿意吗?"

M 半信半疑。果然,G 接着又说:

"不过,有一个条件,这串银链是一环扣着一环的,你最多只能断开其中的一个环。如果你无法做到每天取走一个环,那么你将得不到这一周的工钱!"

M 答应试试,但他立即发现事情有点为难,于是连忙去找阿凡提,请阿凡提替他出主意。果然阿凡提想出了一种巧妙的办法,让财主 G 眼睁睁看着 M 把一只只银环取走。贪心的财主终于自食其果,搬起石头砸了自己的脚!

其实,财主的这道题并不难,无需借助于阿凡提的超人智慧,就是在座的各位读者,也完全能够想到以下的办法:即把这串银链的第三个环断开,使它分离为三个部分,这三个部分的环数分别是:

1,2,4

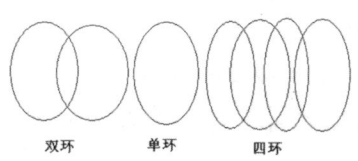

双环　　单环　　四环

这样，雇工 M 第一天可以取走单环，第二天退回单环而取走双环，第三天再取走一个单环，第四天退回单环和双环而取走一串四环，第五天再取走一个单环，第六天退回单环而取走双环，第七天再取走那个单环。至此，银链上的所有 7 个环都已到了 M 手上。

类似上述故事中的问题，也出现在美国数学游戏专家马丁·加德纳的《啊哈，灵机一动》一书，只是把"巧取银环"改成"巧断金链"罢了！

对于上述问题更为深刻的思考是：在允许割断 m 个环的条件下，最多能处理多长的链条（环数为 n），才能做到在 n 天中，每天恰能支付一个环作为工钱？

为了找出 m 与 n 之间的关系，我们先考虑断开两个环，即 $m=2$ 的情形。显然，此时环链断成了 5 个部分，其中有两部分是单环，可以支付头两天工钱。为了付第三天工钱，必须用一串三环去换回两个单环。以上三部分环可够支付头五天的工钱，因此第四部分应当是六环，同理推出第五部分应当是 12 环。即这 5 个部分的环数分别是：

1，1，3，6，12

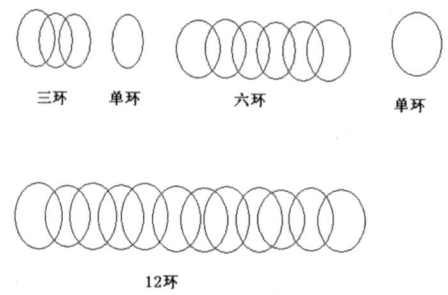

由此得：当 $m=2$ 时，$n=1+1+3+6+12=23$。类似地，当 $m=3$ 时，可求得环链断成 7 部分的环数如下：

1，1，1，4，8，16，32

从而 $n=3+4(2^4-1)=4\times 2^4-1=63$。

同理，当允许环链割断 m 个环时，环链被断成的 $2m+1$ 个部分的环数应为：

$$\underbrace{1,1,\cdots,1}_{m\uparrow 1},m+1,2(m+1),\cdots,2^m(m+1)$$

于是 $n = m+(m+1)(2^{m+1}-1)$
$\qquad = (m+1)2^{m+1}-1$

这便是断链问题的一般性解答。

现在我们再看一看有关平面剖分的例子,它无疑要比上面的问题复杂很多。公元1751年,欧拉曾提出一道有趣的问题:一个平面凸 n 边形,存在多少种用对角线剖分成三角形的办法?

对此,欧拉本人求出了从 D_3 开始的头7个剖分数:

1,2,5,14,42,132,429。

下图画出了 $D_6=14$ 的各种剖分情形:

6种　　　2种　　　6种

公元1758年,数学家西格纳找到了 D_n 的一种递推公式(式中假令 $D_2=1$):

$D_n = D_2D_{n-1}+D_3D_{n-2}+D_4D_{n-3}+\cdots+D_{n-1}D_2$

利用西格纳的公式,可以一步一个脚印地依次算出各 D_n ($n=3,4,5,\cdots$)的值,只是当 n 很大时计算有点困难罢了!

20世纪初,数学家乌尔班在计算了

$\dfrac{D_3}{D_2}=1$, $\quad \dfrac{D_4}{D_3}=2$, $\quad \dfrac{D_5}{D_4}=\dfrac{5}{2}$, $\quad \dfrac{D_6}{D_5}=\dfrac{14}{5}$, $\cdots$

之后,惊奇地发现:对他计算过的所有数都有

$$\dfrac{D_{n+1}}{D_n}=\dfrac{4n-6}{n}$$

他猜测这应该是一条真理!后来乌尔班果真用一种非常巧妙的办法证实了它。乌尔班的方法说来也不难,关键在于构造了一个函数 $g(x)$

$$g(x) = D_2X^2 + D_3X^3 + D_4X^4 + \cdots + D_nX^n + \cdots$$

并由西格纳的关系式推知 $g(x)$ 满足二次方程：

$$W^2 - xW + X^3 = 0$$

从而求得
$$g(x) = \left(\frac{x}{2}\right)\left[1 - \sqrt{1-4x}\right]$$

上式展开后比较得到：

$$D_n = \frac{2 \cdot 6 \cdot 10 \cdot \cdots \cdot (4n-10)}{1 \cdot 2 \cdot 3 \cdot \cdots \cdot (n-1)}$$

由此证得：$\dfrac{D_{n+1}}{D_n} = \dfrac{4n-6}{n}$

用乌尔班的这个公式计算 D_n，就连小学生也能做到。倘若欧拉在天之灵，能够对此有知，想必也会叹为观止！

星期几的奥秘

在我们这个古老的国度，人们什么时候开始把年份和动物的名称挂上钩，现在已经很难弄清楚了。但由天干和地支相配而成的干支纪年法和干支纪日法，却见诸史书，源远流长！

所谓天干，是一种用文字表示顺序的符号，共十个，依次是：甲、乙、丙、丁、戊、己、庚、辛、壬、癸。这十个符号中的头几个，读者应该是很熟悉的。

所谓地支，是一种用文字表示时间的符号，共12个，依次是：子、丑、寅、卯、辰、巳、午、未、申、酉、戌、亥。以上12个文字，每个字代表一个时辰，每个时辰两个小时，从午夜起算，12个时辰恰为一天。地支的12个符号，很难找到什么规律。为了便于记忆，大约从东汉开始，人们使用12种熟悉的动物与之相配，称为属相：

子	丑	寅	卯	辰	巳	午	未	申	酉	戌	亥
↓	↓	↓	↓	↓	↓	↓	↓	↓	↓	↓	↓
鼠	牛	虎	兔	龙	蛇	马	羊	猴	鸡	狗	猪

久而久之，这种属相便成为以十二为周期的纪年代号。如：1987年为兔年，1988年为龙年，下一个龙年为2000年，那时人类将跨进一个新的世纪！

由于10与12的最小公倍数为60，所以天干、地支循环相配，可得60种不同的组合：甲子、乙丑、丙寅、……、癸亥。这种60种组合，俗称"六十花甲子"，相配完毕，周而复始！

上述60一轮转的方法，用于纪年，始于西周共和元年，约公元前841年。而用于纪日，则可追溯到更加久远的年代。早在公元前一千多年，我国就已采用"旬日制"，以10天为一旬，3旬为一月，恰是半个花甲子！有趣的是，远在万里之外的古埃及，那里采用的竟然也是"旬日制"。人世间的这种巧合，不难使人猜测到，这是由于人类的双手，长有十只手指的缘故。

西方国家采用星期纪日，那是稍后的事。公元321年3月7日，古罗马皇帝君士坦丁，正式宣布采用"星期制"，规定每一星期为7天，第一天为星期日，尔后星期一、星期二直至星期六，尔后再回到星期日，如此永远循环下去！君士坦丁大帝还规定，宣布的那天日子为星期一。

一星期为什么定为7天？这大约是出自月相变化的缘故。天空中再没有别的天象变化得如此明显，每隔7天便一改旧貌！另外，"7"这个数，恰与古代人已经知道的日、月、金、木、水、火、土七星的数目巧合，因此在古代神话中就用一颗星作为一日的保护神，"星期"的名称也因之而起。

历史上的某一天究竟是星期几？这可是一个有趣的问题，我想读者一定很想知道它的奥秘！不过，要了解这一点，还得先从闰年的设置讲起。因为倘若没有闰年，这个问题将变得十分容易。

由于一个回归年不是恰好365日，而是365日5小时48分46秒，或365.2422日。为了防止这多出的0.2422日积累起来，造成新年逐渐往后移。因此我们每隔 4 年时间便设置一个闰年,这一年的二月从普通的 28 天改为 29 天。这样,闰年便有 366 天。不过,这样补来也不刚好,每百年差不多又多补了一天。因此又规定,遇到年数为"百年"的不设闰,扣它回来!这就是常说的"百年 24 闰"。但是,百年扣一天闰还是不刚好,又需要每四百年再补回来一天。因此又规定,公元年数为 400 倍数者设闰。就这么补来扣去,终于补得差不多刚好了!例如,1976、1988 这些年数被 4 整除的年份为闰年;而 1900、2100 这些年则不设闰;2000 年的年数恰能被 400 整除,又要设闰,如此等等。

闰年的设置,无疑增加了我们对星期几推算的难度。为了揭示关于星期几的奥秘,我们还需要一个简单的教学工具——高斯函数。

公元 1800 年,德国数学家高斯(Gauss,1777—1855)在研究圆内整点问题时,引进了一个函数 $y=[x]$ 这个函数后来便以他的名字命名。$[x]$ 是表示数 x 的整数部分,如:

$$[\pi] = 3$$

$$[-4.75] = -5$$

$$\left[\frac{\sqrt{5}-1}{2}\right] = 0$$

$$[1988] = 1988$$

高斯函数的图像很奇特,像台阶般,但不连续!

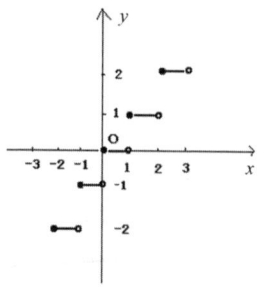

利用高斯函数,我们可以根据设闰的规律,推算出在公元 x 年第 y 天

是星期几。这里变量 x 是公元的年数;变量 y 是从这一年的元旦,算到这一天为止(包含这一天)的天数。历法家已经为我们找到了这样的公式:

$$s = x-1+\left[\frac{x-1}{4}\right]-\left[\frac{x-1}{100}\right]+\left[\frac{x-1}{400}\right]+y$$

按上式求出 s 后,除以 7,如果恰能除尽,则这一天为星期天;否则余数为几,则为星期几!

例如,君士坦丁大帝宣布星期制开始的那一天为公元 321 年 3 月 7 日。容易算得:

$$\begin{cases} x-1=320 \\ y=66 \end{cases}$$

$$s = 320+\left[\frac{320}{4}\right]-\left[\frac{320}{100}\right]+\left[\frac{320}{400}\right]+66$$

$$= 320+80-3+0+66$$

$$= 463 \equiv 1 \,(mod\,7)$$

最后一个式子的符号表示 463 除以 7 余 1。也就是说,这一天为星期一。这是可以预料的,因为当初就是这么规定的!

又如,我们共和国成立于 1949 年 10 月 1 日

$$\begin{cases} x-1=1948 \\ y=274 \end{cases}$$

$$s = 1948+\left[\frac{1948}{4}\right]-\left[\frac{1948}{100}\right]+\left[\frac{1948}{400}\right]+274$$

$$= 1948+487-19+4+274$$

$$= 2694 \equiv 6 \,(mod\,7)$$

原来,这一普天同庆的日子为星期六。

公元 2000 年 1 月 1 日,人类跨进了高度文明的 21 世纪,那么这一天是星期几呢?

$$\begin{cases} x-1=1999 \\ y=1 \end{cases}$$

$$s = 1999+\left[\frac{1999}{4}\right]-\left[\frac{1999}{100}\right]+\left[\frac{1999}{400}\right]+1$$

$$= 1999+499-19+4+1$$
$$= 2484 = 6 \pmod 7$$

计算表明:这一天也是星期六!

下面我们讲述的是一个具有讽刺意味的故事:

大千世界,无奇不有。公元 1654 年,爱尔兰有一个大主教叫乌索尔。此人在酒足饭饱后,突然脑海里萌生起一念奇思怪想,企图通过经典来"考证"地球的创生!

果然,此后乌索尔一头栽进了希伯来文的经典书堆,做起了一个只有他一个人知道的文字游戏。在经过若干冥冥之夜之后,不知从哪儿跑来的灵感,居然得出了以下惊人的结论:地球是在公元前 4004 年 10 月 26 日(星期日)上午 9 时被上帝创造出来的!

乌索尔的论点,举世震惊!由于它迎合了当时教会里一些人的口味,居然鼓噪一时!不过,严肃理智的科学家并没有被乌索尔的胡言乱语所吓倒,他们用铁的事实证实了:我们这个星球早已存在了几十亿年!

分牛的传说

传说古代印度有一位老人,临终前留下遗嘱,要把 19 头牛分给三个儿子。老大分总数的 $\frac{1}{2}$;老二分总数的 $\frac{1}{4}$;老三分总数的 $\frac{1}{5}$。按印度的教规,牛被视为神灵,不能宰杀,只能整头分。先人的遗嘱更需无条件遵从。老人死后,三兄弟为分牛一事而绞尽脑汁,终于计无所出,最后决定诉诸官府。

官府是酒囊肉袋,遇到此等难事,自是一筹莫展,便以"清官难断家务事"为由,一推了之!

话说邻村住着一位智叟。一天,他路过三兄弟家门,见三人愁眉不展,唉声叹气。动问之下,方知如此这般。但见老人沉思片刻说:"这好办!我有一头牛借给你们。这样,总共就有 20 头牛。老大分 $\frac{1}{2}$ 可得 10 头;老二分 $\frac{1}{4}$ 可得 5 头;老三分 $\frac{1}{5}$ 可得 4 头。你等三人共分去 19 头牛,剩下的一头牛再还我!"

真是妙绝了!一个曾经使人绞尽脑汁的难题,竟如此轻松巧妙地得以解决。这自然引起了当时人们的热议,并一时传为佳话,以至流传至今。

不过,后来人们在钦佩之余总带有一丝怀疑。老大似乎只该分 9.5 头,最后他怎么竟得了 10 头呢?

这件事终于惊动了数学家,他们决心对此弄个水落石出!数学家们进行了如下计算:

19 头牛按老大 $\frac{1}{2}$,老二 $\frac{1}{4}$,老三 $\frac{1}{5}$ 的份额去分,各人分别可得 $\frac{19}{2}$ 头,$\frac{19}{4}$ 头和 $\frac{19}{5}$ 头。这时显然没有分完,还剩下 $\left(19-\frac{19}{2}-\frac{19}{4}-\frac{19}{5}\right)=\frac{19}{20}$ 头。

所剩的牛自然仍要按遗嘱分给各人。于是老大又得 $\frac{1}{2}\times\frac{19}{20}$ 头;老二又得 $\frac{1}{4}\times\frac{19}{20}$ 头;老三又得 $\frac{1}{5}\times\frac{19}{20}$ 头。计算一下便知道,牛仍未被分完,还剩下 $\frac{19}{20^2}$ 头。于是还得再按遗嘱规定去分,如此等等。这个过程可以一直延续到无穷,只是每次所剩越来越少罢了!

很明显,在上述过程中老大共分得牛数

$$S_1=\frac{19}{2}+\frac{1}{2}\times\frac{19}{20}+\frac{1}{2}\times\frac{19}{20^2}+\cdots\cdots=\frac{\frac{19}{2}}{1-\frac{1}{20}}=10$$

同理,老二、老三所分牛数

$$S_2=\frac{19}{4}+\frac{1}{4}\times\frac{19}{20}+\frac{1}{4}\times\frac{19}{20^2}+\cdots\cdots=\frac{\frac{19}{4}}{1-\frac{1}{20}}=5;$$

$$S_3 = \frac{19}{5} + \frac{1}{5} \times \frac{19}{20} + \frac{1}{5} \times \frac{19}{20^2} + \cdots = \frac{\frac{19}{5}}{1-\frac{1}{20}} = 4$$

数学家们终于用审慎的态度支持了智叟。他们宣告说:智叟的分牛结论是正确的!

看来一场围绕分牛问题的风波,已经接近尾声。不料,没过多久,事情又起了戏剧性的变化!有人甚至对智叟的"动机"提出了疑议,他们认为智叟的做法充其量只是"瞎猫碰上死老鼠"而已。他们举例说,倘若老人留下的只是 15 头牛而不是 19 头牛;遗嘱规定的是老大分 $\frac{1}{2}$,老二分 $\frac{1}{4}$,老三分 $\frac{1}{8}$。那么结果又将怎样呢?

设想智叟牵来一头牛,添成 16 头。按遗嘱:老大分 8 头,老二分 4 头,老三分 2 头。三人共分去 14 头牛。那么,智叟是否要把剩下的两头牛都牵回去?谁敢保证智叟没有"渔利"之嫌?!

说的不无道理!于是一个即将偃旗息鼓的问题,又死灰复燃起来。经过几番争论,人们终于弄清楚,智叟的办法确实带有某种盲目性!问题的症结不在于智叟是否牵牛来,或牵几头牛来又牵几头回去,而在于按遗嘱三兄弟所获牛数的比:

$$\frac{1}{2} : \frac{1}{4} : \frac{1}{5} = 10 : 5 : 4$$

只要最后这个简单的整数比,能够将 19 整分,那么结果必然皆大欢喜,又何须再牵一头牛来?反之,如若遗嘱中的简单整数比,不能将牛数整分的话,那么纵然智叟有再高十倍的智商,也只能是一阵空忙!

上述结论不仅为人们提出了分牛问题的最佳解答:

$$\begin{cases} S_1 = 19 \times \dfrac{10}{10+5+4} = 10 \\ S_2 = 19 \times \dfrac{5}{10+5+4} = 5 \\ S_3 = 19 \times \dfrac{4}{10+5+4} = 4 \end{cases}$$

而且还能据此构造出许多类似的分羊、分兔等趣题。下表供有兴趣的读者自行设计题目时作参考：

	I	II	III	IV	V	VI	VII
遗产数	7	11	11	17	19	23	41
老大分	$\frac{1}{2}$	$\frac{1}{2}$	$\frac{1}{2}$	$\frac{1}{2}$	$\frac{1}{2}$	$\frac{1}{2}$	$\frac{1}{2}$
老二分	$\frac{1}{4}$	$\frac{1}{4}$	$\frac{1}{3}$	$\frac{1}{3}$	$\frac{1}{4}$	$\frac{1}{3}$	$\frac{1}{3}$
老三分	$\frac{1}{3}$	$\frac{1}{6}$	$\frac{1}{12}$	$\frac{1}{9}$	$\frac{1}{3}$	$\frac{1}{8}$	$\frac{1}{7}$

生 死 签

相传古代有个王国，由于崇尚迷信，世代沿袭着一条奇特的法规：凡是死囚，在临刑前都要抽一次"生死签"。即在两张小纸片上分别写着"生"和"死"字样，由执法官监督，让犯人当众抽签。如果抽到"死"字的签，则立即处刑；如果抽到"活"字的签，则被认为这是神的旨意，应予当场赦免。

有一次国王决定处死一名大臣，这名大臣因不满国王的残暴统治而替老百姓讲了几句公道话，为此国王震怒不已。他决心不让这名敢于"犯上"的臣下，得到半点获赦的机会。于是，他与几名心腹密谋暗议，终于想出了一条狠毒的计策：暗嘱执法官，把"生死签"的两张签纸都写成"死"字。这样，不管犯人抽得是哪张签纸，终难幸免于死。

世上没有不透风的墙。国王的诡计终于被外人所察觉。许多悉知内情的文武官员，虽然十分同情这位往日正直的同僚，但慑于国王的淫威，也只是敢怒而不敢言。就这样终于挨到了临刑的前一天,一位好心的看守含蓄地对囚臣说:"你看看有什么后事需要交待,我将尽力为你奔劳。"看守吞吞吐吐的神情,引起了囚臣的疑心,百问之下,终于获知阴谋的内幕。看守原以为囚臣会为此神情沮丧,有心好言相慰几句,但见犯人陷入沉思,片刻间额上焕发出兴奋的光芒,这使看守感到惊讶不已。

在国王一伙看来,这个"背道离经"的臣子的"死"是必然事件,因为他们考虑的前提条件是"两死抽一"。然而聪明的囚臣,正是巧妙利用了这一点而使自己获赦的。

囚臣是怎样死里逃生的呢?

原来当执法官宣布抽签的办法之后,但见囚臣以极快的速度抽出一张签纸,并迅即塞进嘴里。待到执法官反应过来,嚼烂的纸团早已吞下。执法官赶忙追问:"你抽到'死'字签还是'活'字签?"囚臣故作叹息说:"我听从天意安排,如果上天认为我有罪,那么这个咎由自取的苦果我业已吞下,只要查看剩下的签是什么字就清楚了。"这时,在场的群众异口同声地赞成这个做法。

剩下的签当然写着"死"字,这意味着犯臣已经抽到"活签"。国王和执法官有苦难言,由于怕触犯众怒,只好当众赦免了犯臣。

百钱买百鸡

相传在南北朝时期,我国出了一个"神童",他反应敏捷,计算能力超群,许多连大人一时难以解答的问题,他一下子就给算出来了。附近的人都喜欢叫他帮忙。

"神童"的名气越来越大,传到了宰相的耳中。宰相为了弄清"神童"是真的还是假的,特把"神童"的父亲叫去,给他100文钱,要他第二天带100只鸡来,并规定100只鸡中公鸡、母鸡、小鸡都要有,而且不准多,也不准少,刚好百钱百鸡。

当时,买1只公鸡5文钱,买1只母鸡3文钱,买3只小鸡才1文钱。"神童"想了一会,告诉父亲说:明天买4只公鸡,18只母鸡和78只小鸡送去。第二天,宰相见鸡如数送到,而且刚好百鸡百钱,大为惊奇。他想一下,又给"神童"父亲100文钱,让他明天再送100只鸡来,还规定不准有4只公鸡。到了第二天,神童不慌不忙地叫父亲买了8只公鸡,11只母鸡和81只小鸡送去。宰相见到送来的100只鸡,赞叹不已。又给"神童"父亲100文钱,要求再送100只鸡来。谁料才过一会儿,"神童"的父亲又送到100只鸡:公鸡12只,母鸡4只,小鸡84只,正好又是百鸡百钱……

同学们知道他是怎么做的吗?原来,"神童"之所以没被难住,是因为他发现了一个秘密:

4只公鸡值20文钱,3只小鸡值1文钱,加起来7只鸡共21文钱,7只母鸡也是21文钱,也就是说,如果少买7只母鸡,就可以用这笔钱多买4只公鸡和3只小鸡。这样,百鸡仍是百鸡,百钱仍是百钱。所以,只要求出一个答案,根据这种法则,马上就可以求出其他的答案来。

现在,同学们该问这位"神童"究竟是谁了。他名叫张邱建,上面这个驰名中外的"百鸡术",就是他的名著《张邱建算经》里的最后一个题目。

楚晋商人渡河

春秋战国时代,楚国和晋国连年打仗,伤亡惨重,结下了冤仇,弄得两国的人民,相互之间也都不信任了。在历次战争中,楚国失败的次数多。所以,一般晋国人都害怕楚国人要报复。

有一次,3个楚国商人和3个晋国商人一起到齐国去经商。齐国的主顾要求6个人同日到达,说是这样才好接待和拍板成交,少了任何一个都不答应。为此,他们只好结伴同行,一路上勾心斗角。

一天傍晚,他们来到了一条大河边。河水很深,他们又都不会游泳,河上也没有桥梁。幸好岸边有一只小船,可是船太小了,一次最多只能渡过两人。这6个商人,人人都会划船。为了防止发生意外,不论在河的这一岸和那一岸,或者在船上,都不允许楚国的商人数超过晋国的商人数。

请问,怎样才能把6个人全部渡过河去?

解决这个比较复杂的渡河问题,可以采用在括号里写两个数的办法,来记录河左岸人数的变化情况。在括号中的一对数,前一个表示楚国商人数,后一个表示晋国商人数。例如(2,3),就是说河的左岸有2个楚国商人,3个晋国商人。

开始时,6名商人全在左岸,采用上述记法,就是(3,3)。我们的目的是要使他们全部过河,到达右岸,所以终极目标是(0,0)。也就是说,他们全部过了河,左岸没有人了。问题是怎样才能从(3,3),逐步演变到(0,0)呢?

按规定,有些情况是不许可的。例如(3,2),说明在左岸的楚人比晋人多,这就是不许可的。于是,许可的情况只有

(3,3),(2,3),(1,3),(0,3),(2,2)

(1,1),(0,0),(1,0),(2,0),(3,0)

这10种。至于船上的情况,因为船最多渡两人,不会发生楚人比晋人多的情形,所以不用考虑。

为了说明小船在左岸还是在右岸,我们画一条横线,横线上方的括号里的数对,表示船在左岸时的情况;横线下方的括号里的数对,表示船在右岸时的情况。

要是从甲情况可以一步演变到乙情况,当然这时由乙情况也一定可以演变回去,就在甲、乙之间连一条线。例如从上方的(3,3),可以一步变到下方的(2,3),或者(2,2)、(1,3),就由(3,3)向这三个括号各画一条线。把所有与(3,3)相连的线都画出来,这就得到一张图:

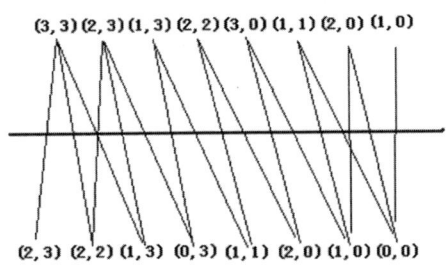

把这张图翻译出来,便是:

第一步,两名楚国商人从左岸到右岸;第二步,其中一人划船回到左岸;第三步,回来的一人与原先留在左岸的一名楚国人一起渡河;第四步,一名楚国人划船回来;第五步,两名晋国人过河;第六步,一名楚国人和一名晋国人回来;第七步,两名晋国人过河;第八步,一名楚国人回来;第九步,两名楚国人过河;第十步,一名楚国人回来;第十一步,两名楚国人过河。至此,全部人员渡河完毕。

从图上看出,共有4种最好的渡河办法,都是要渡11次。

明白了这个道理和办法后,你就不难解决:当楚国人和晋国人各有6人,而小船一次最多可容纳5人时,只用7步就可完成渡河。

要是不限定步数,只要小船每次最多可容纳4人,那就可以证明,任意数目的楚国商人和晋国商人,只要人数相等,都是可以渡过河去的。

这种方法,在数学里名叫状态分析图。它在人工智能等学科的研究中,有着蓬勃的生命力。

高塔逃生

这是流传在苏联格鲁吉亚的民间故事。

300多年前,这块土地被一个凶暴残忍的大公统治着。他有一个独生女儿,不但异常美丽,而且心地善良,经常接近和帮助穷苦人,她已经有20岁了,大公把她许配给邻国的一个王子,可是她却爱着一个铁匠——年轻的海乔。由于出嫁的日子快要到来,她和海乔冒险逃到山里,可是很不幸,给大公手下的人抓回来了。

大公暴跳如雷,决定第二天就要把他们处死,命令手下的人在今天夜里,把他们关在一座没有完工的阴森的高塔里。关在一起的,还有一个侍女,因为她曾经帮助过他们逃跑。

塔很高,在顶上一层,才开有窗子,从那里跳下去准会粉身碎骨。大公想,派人看守,说不定看守的人会同情他们,把他们放掉,所以下令撤掉一切看管,并且不准任何人接近那座塔。

海乔仔细寻找塔内有没有什么东西可以帮助他们逃跑。不久,他发现有一根建筑工人遗留在那里的绳子,绳子套在一个生锈的滑轮上,而滑轮是装在比窗略高一点的地方。绳子的两头,各系着一个筐子。原来这是泥水匠吊砖头用的。

海乔做过建筑工人,他经过一番观察和估量,断定两只筐子的载重量只要不超过170千克,两只筐子的载重相差接近10千克、而又不超过10千克,那么,筐子就会平稳地下落到地面。

海乔知道他爱人的体重大约是50千克,侍女大约有40千克,自己的体重是90千克。他在塔里又找到一条30千克的铁链。他经过一番深思熟虑,终于使三个人都顺利地降落到地面,一同逃走了。

请问,他们究竟是怎样逃走的?这个故事很有趣,经过反复试探,不断修正,不难解决这个问题。

一、海乔先把30千克的铁链放在筐里降下去后,就叫侍女(40千克重)坐在筐里落下去,这时放有铁链的筐子回上来。

二、海乔取出铁链,让爱人(50千克重)坐在筐里落下去,她下降到地面时,侍女回上来。侍女走出来后,爱人也走出筐子。

三、海乔又把铁链放在空筐中,再一次降到地面,爱人坐了进去(这时筐的载重量是50+30=80千克,海乔(90千克)坐在上面的筐里,落到地面后,爱人走出上面的筐子后,他也走出筐子。

四、留在筐中的铁链,再次降到地面,这次又轮到侍女坐在上面的筐子里降落到地面,装着铁链的筐子回上来。

五、爱人从上来的筐子里取出铁链,自己坐了进去,下降到地面,同时侍女升上来。到达地面以后,侍女走出筐子后,爱人也走出筐子。

六、侍女再把铁链放进筐子,又把它降到地面,然后自己坐进升上来的空筐下降,到达地面后,就走出筐子,与海乔和他的爱人会合,一起逃脱了大公的魔掌,远走高飞了。

怎样找寻逃生的方案?也可以用图来表示。

90千克重的海乔,50千克重的爱人,40千克重的侍女,30千克重的铁链,分别有9、5、4、3表示。这4种物体,可以组成16种不同的情况。例如(9,5,4,3)全在塔上是一种情况,(9,5,4)在塔上也是一种情况,只有(3)在塔上也是一种情况。通过滑轮绳子,可以从一种情况变成另一种情况。要是甲情况可以变成乙情况,就从甲向乙画一个带箭头的线。

(9,5,4,3)　　开始
↓
(9,5,4)
↓
(9,5,3)→(9,5)
↓　　　↓
(9,4,3)→(9,4)→(5,4,3)

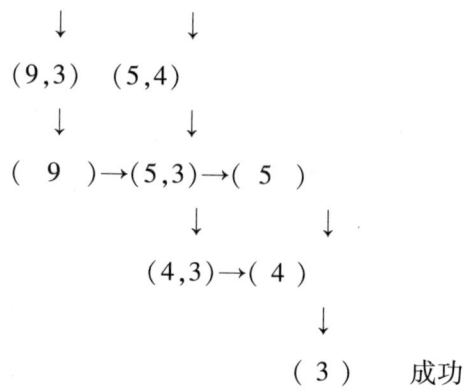

很明显,要是从(9,5,4,3)到(3),可以找到一条箭头方向一致的路程,海乔他们三人便可得救了。

这个图和渡河的图不一样,连线是带箭头的。说明情况的演变有一定方向,不能够再退回去。这种图叫作有向图。

从图上可以看出来,有八种不同的方案可以逃生,而且只有这八种方案。这就是图的方法的优点。它可以帮助你找出所有的方案,而不再是停留在摸索和尝试的阶段。

高塔逃生是个故事,信不信由你。不过,下面所说的却是真事了。

1963年,国外计算机科学家编出了一个名叫"猴子吃香蕉"的程度。一只没有生命的猴子(机器人)在房间里踱来踱去,它忽然看见了挂在天花板的一串香蕉,不禁馋涎欲滴,可是它的手不够长,怎么也拿不到香蕉。猴子仍不死心,它开动脑筋,看到室内还有一个台子和一块木板。于是,它很高兴,就把木板架好,走到台子上,伸手就抓到了香蕉。

猴子吃香蕉和海乔他们高塔逃生,是两个毫无关系的问题。可是,海乔和猴子都是自觉和不自觉地运用数学里的一种状态——手段分析法,来解决问题的。

普哇松分酒

这是19世纪著名的法国数学家普哇松小时候的一个故事。

有一次,普哇松跟父母一块儿外出旅行。小普哇松真是高兴极了。他不安分地坐在马车上,看到小燕子一掠而过,他想,能不能算出来,小燕子一天能飞多远?看到一架架风车在碧绿的原野上慢慢地转动,他又想,风车的力量大还是10个人的力量大?总之,周围的一切他都感到新鲜有趣,引起他思考,想象。在他面前,大自然好像第一次显示出它的真正的诱惑力。

天近傍晚,他们在乡间一个小镇子里的客店里住下来。普哇松可不能安分守己地待在屋子里,他好奇地把简陋的小客店跑了个遍,最后在一个大房间里停下来,那里正有几个人围着一木桶酒犯愁。普哇松挤过去,却被一个大人挡住了:"去!去!"用手把他拨拉到一边,想把他撵走。可是,这反而引起了普哇松更大的好奇心。他又从另一边挤进去,他非要看个究竟不可。

原来,有两个顾客在这个小镇子上买了一桶家酿醇酒,正是8千克。两个人要平分开,明天一早带走,可一时又找不到磅秤,只在客店里找到一大一小两个瓦罐,大的可装5千克,小的可装3千克。怎么分开呢?他俩束手无策,几个旅客上来,帮助出主意,想办法,每人都发表了自己的意见,但是不能解决实际问题。

普哇松看着那个木桶和两个瓦罐,眨着双眼想了一会儿,说:"这好办,我给你们分开。"

在场的人都愣愣地看着普哇松。两个买酒的顾客不耐烦地说:"这么些人都分不开,你还来起哄!"

"有智不在年高,让他分分看,或许能分开。"一个年纪大顾客说。

普哇松用那个木桶和两个瓦罐,小心地有条不紊地倒来倒去,只倒了 7 次就把酒平分开了。

大家不由得称赞起普哇松的聪明机智。

为了弄清普哇松是怎么分的,现把他 7 次的情况排列在下面:

	八公斤	五公斤	三公斤
第一次	3	5	0
第二次	3	2	3
第三次	6	2	0
第四次	6	0	2
第五次	1	5	2
第六次	1	4	3
第七次	4	4	0

酒很快分完了,但他心灵深处却萌发出对数学的浓厚兴趣。从此,他如痴如迷地钻研数学,后来终于成为著名的数学家。

韩信分油

传说韩信从小就很聪明,也爱管闲事,常常喜欢在别人面前露一手。

有一天,韩信骑着马上街去。走到半路,忽然看见前面有两个人在吵吵闹闹,几乎快动手打起来了。韩信不知他们为什么,就赶忙策马上前去看个究竟。

原来,这两个人是合伙做贩油生意的,刚才为了一点小事,发生意见,嚷着要马上散伙。这时,他们的油缸里还剩下 10 斤油,可手头没有秤,只有一个能装 3 斤油的葫芦和一个能装 7 斤油的瓦罐。靠油缸、葫芦和瓦罐,要把10斤油平分成两份,并不容易。他们分来分去分不匀,不是你多,就是他少,所以在互相埋怨、争吵。

韩信问明情况后,便半开玩笑地说:"嗨,这么容易的事都不会吗?让我来教你们吧!"

两人见韩信是个小孩子,以为他是故意在说风凉话寻开心,就当场开销:"去,去!你小孩子懂什么?"

可韩信这个人也怪,你越要他走,他越不走;你越不让他讲,他偏要讲。但是他立即收起笑容,胸一挺,像下命令一般,说道:"不分好油不散。你们只要'葫芦归罐罐归缸',就分成了!"

两人见韩信态度坚决,讲得有板有眼,感到这小孩子不可小看。其中的一个开口说:"你讲的话我没听懂,再说一遍。""葫芦归罐罐归缸。""什么葫芦罐的?怎样的归呀?"两人一时弄得莫名其妙。

韩信见他们不懂,就说出想好的办法。他说,你们只要两次把葫芦灌满油,倒进空瓦罐,再第三次把葫芦灌满,倒满瓦罐为止。这样,葫芦里还剩下两斤油。接着,将瓦罐的7斤油,全部倒入缸内,然后将葫芦中剩下的两斤油倒入空瓦罐,再让空葫芦在缸里灌满油倒进瓦罐。这样,缸和罐里就各有5斤油了。两人一听,恍然大悟,忙照法办理,果然分得很均匀。这一来,两人服服贴贴,连连夸韩信说:"你人小才气大,将来一定是个能人呢!"

"啥,什么能人不能人!男子汉大丈夫志在四方,将来我还想当大将军呢!"韩信说着,顾自昂头骑马而去。

后来,这两个人回到家里,把这事告诉了家人,家人又告诉了邻居,三传四传,越传越广。"葫芦归罐罐归缸"的故事,就这样在民间传开了,一直流传到今天。

姐妹卖柑子

从前,有一位种柑的田老太太,她家里种的柑子不仅表皮金黄灿烂,而且果肉特别香甜可口,所以,远近的有钱人都争着买她的柑子。

这位老太太有两个女儿,大女儿是她丈夫的前妻生的,小女儿是她亲生的。身为后母的这位老太太百般虐待继女。偏偏大女儿比小女儿生得更心灵手巧,惹人喜爱。因此,老太太就更加怀恨在心了,不但让她操劳繁重的家务,而且总想找岔子难为她。她父亲经常外出,只有妹妹暗暗同情和帮助她,使她稍得安慰。

一天,老太太准备把家里剩下的90个柑子全部卖掉。她拿来两个筐子,但不是每筐装45个柑子,而是一筐装15个,另一筐装75个。然后,她把两个女儿叫到身边,把装有15个柑子的筐交给大女儿,装有75个柑子的筐子交给小女儿,吩咐道:"你们各卖各的,两筐柑子的价格必须统一,最后每筐都一定要卖450文,不准多,也不准少。"

妹妹听了很着急,但姐姐却显得不慌不忙,她拉着妹妹的手说:"咱们走吧,就按妈妈说的办。"

路上,妹妹迷惑不解地问:"姐姐,你难道不知道,这是妈妈在故意难为你吗?"姐姐笑着回答:"她难不倒我。""你有什么办法呢?"妹妹又问。姐姐说:"镇上有个董大财主,病得快不行了,专想买咱家的柑子,而且价格越贵买得越多。咱们'灵活'一下,难题就解决了。"接着,凑到妹妹身边耳语了一番,说得妹妹笑逐颜开,连连点头说:"对,对,真是个好办法!"

太阳落山时,姐妹俩卖完柑子,各带着450文钱回到家里。田老太太见两个女儿果然卖了一样多的钱,十分惊奇,心想,准是自己的亲生女儿偷偷拿出一部分钱给了姐姐,就气呼呼地说:"你们老实说,到底是怎么卖的?"姐妹俩平心静气,你一言我一语地讲了起来,田老太太听了,找不出一点岔子,只好回到自己屋里睡觉去了。

原来,姐妹俩是这样卖柑子的。开始时,她们按3个柑子卖10文钱的价格,姐姐卖去9个,可得30文钱,妹妹卖去72个,可得240文钱。等到董家来人购买时,再按70文一个的价格出售,姐姐卖去剩下的6个,可得420文钱,妹妹卖去剩下的3个,可得210文钱。这样,姐妹俩就能各得450文钱了。

五个生日相同的姐妹兄弟

大千世界,无奇不有。但真正称得上"绝无仅有"的事,也不多见。下面我们讲的是一个真实的故事。当读完篇末的分析,大家就会知道,这样的事情是多么稀奇和罕见。

故事发生在美国的弗吉尼亚州,男主人公名叫拉尔夫,女主人公叫卡罗琳。这是一对"奇迹般的父母",他们的五个孩子虽然年龄各不相同,但生日却全然一样,都在2月20日出生。

奇迹般故事的序幕是在1952年2月20日拉开的。预计在3月份出生的长女卡莎琳,硬是提前两个星期来到了人世间。一年之后的同一天,次女卡罗尔又诞生了。拉尔夫夫妇对这种巧合惊讶不已,况且1952年是阳历闰年,这一年比通常的365天要多上一天。

1954年6月,母亲卡罗琳第三次怀孕。由于头两个孩子都在2月20日出生,因此做父母的也曾抱着一线希望,期待即将出世的宝宝,能够跟两位姐姐的生日巧合。为此他们曾向医生请求:"如果到了2月20日还不见孩子出生的话,就请用催产的办法。"然而,这个请求被事实证明是多余的。到了这一天卡罗琳自然分娩了。准时来到人间的是宝贝儿子查尔斯。

此后隔了5年。到了1959年,三女儿克劳蒂娅鬼使神差般也在2月20日降世。生她时,家中正在为3个孩子庆贺生日。

4个孩子神奇般地出生在一年365天里的同一天,这可是当时世界的最高记录。当地群众对此家喻户晓,一时传为佳话。因此,当卡罗琳第五次怀孕的消息传开,整个弗吉尼亚地区群情雀跃,人人兴奋不已,个个翘首以待。2月20日这一天,父亲拉尔夫正在运动场观看足球赛。比赛紧张激烈,场上角逐正酣。突然扩音器里传来了振奋人心的消息:"拉尔夫,祝贺您!生了个女儿。"顿时,整个运动场沸腾起来,运动员们也暂停比赛,加入欢呼行列。

相同生日五同胞的故事就此结束了,留给我们的问题是:这种同一父母所生的5个子女,生日全都相同的概率究竟有多大呢?且看下表:

称 呼	姓 名	(2月20日)出生的概论
长 女	卡莎琳	$P_1 = 1$
次 女	卡罗尔	$P_2 = \dfrac{1}{365}$
儿 子	查尔斯	$P_3 = \dfrac{1}{365}$
三 女	克罗蒂娅	$P_4 = \dfrac{1}{365}$
小 女	赛茜莉娅	$P_5 = \dfrac{1}{365}$

长女卡莎琳生日是随机的。尽管她是在1952年的366天中,未卜先知地带头选择了2月20日赶到人世。然而对于她,生日的选择是不受约束的,因而 $P_1 = 1$。对于次女卡罗尔,情况则有所不同。她要与她姐姐生日相同,就只能在全年365天中特定的一天出生,因而 $P_2 = \dfrac{1}{365}$。同理可得查尔斯、克罗蒂娅、赛茜莉娅等人在2月20日出生的概率,各自均为 $\dfrac{1}{365}$。

由于以上5个各自独立的出生事件,是同时出现的,因此其出现的总的概率应为

$$P = P_1 \cdot P_2 \cdot P_3 \cdot P_4 \cdot P_5 = 1 \cdot \left(\frac{1}{365}\right)^4$$

$$= \frac{1}{1.77 \times 10^{10}}。$$

也就是说,这种现象出现的概率只有一百七十亿分之一。须知,现今生存在我们这个星球上的人,充其量不过50亿。而其中有生育能力,而且恰好生5个孩子的女人,估计不会超过一亿(10^8)。这样,在我们整整一代人中,出现这种现象的可能性只有:

$$P \times 10^8 = \frac{1}{1.77 \times 10^{10}} \times 10^8 = 0.56\%。$$

这意味着即使经历了十代人,也极难出现一次五同胞生日相同的事件。况且"可能"还不等于一定要出现呢!然而,这种千载难逢的现象,居然真真切切地有幸发生在我们的时代,这是多么稀奇、多么难得的事啊!

"守株待兔"古今辩

有一则寓意深刻的故事叫《守株待兔》,大意是:

宋国有个农民,有一天,他在地里耕作,看到一只兔子从身旁飞跑而过,恰好撞在地边的一棵树上,折断了颈项,死于树下。那个农民不费吹灰之力,拾得了一只现成的兔子。

这个农民自从拾到兔子之后,就想入非非,从此废弃耕耘,每天坐在那棵大树底下,等待着又一只兔子撞树而来。结果非但没有再拾到兔子,反而把田地给荒芜了!

这则寓言,出自先秦著作《韩非子》,脍炙人口,已经流传了2200

多年。

两千年来,人们总以为"待兔"不得,罪在"守株"!其实,抱怨"守株"是没有道理的。问题的关键在于兔子的运动规律。倘若通往大树的路是兔子所必经的,那么"守株"又将何妨?

然而正如上节故事中我们讲到的,我们周围的世界是一个不断运动的世界。兔子的活动,在时空的长河中,画出一条千奇百怪的轨迹,希望这条轨迹能与树木在时空中的轨线再次相交,无疑是极为渺茫的,这正是这位农人悲剧之所在!

下面一则更为精妙的例子,可以使人们生动地看到问题的症结。例中表明如能弄清了兔子运动的规律,有时"守"甚至还是明智的!

列奥纳多·达·芬奇(Leonardo da Vinci,1452—1519年)是意大利文艺复习时期的艺术大师,他那传闻很广的《画蛋》故事,对于青少年读者,可说是很熟悉的。达·芬奇不仅对绘画艺术造诣极深,而且对数学也颇有研究。他曾提出过一个饶有趣味的"饿狼扑兔"问题:

一只兔子正在洞穴(C)南面60码的地方(O)觅食,一只饿狼此刻正在兔子正东100码的地方(A)游荡。兔子回首间猛然遇见了饿狼的贪婪的目光,预感大难临头,于是急忙向自己的洞穴奔去。说时迟,那时快,恶狼见即将到口的美食就要失落,旋即以2倍于兔子的速度紧盯着兔子追去。于是,狼与兔之间,展开了一场生与死惊心动魄的追逐。

问:兔子能否逃脱厄运?

有人作过以下一番计算:

以O为原点,OA,OC分别为X,Y轴,以1码为单位长。则$OA=100$,$OC=60$。根据勾股定理,在$RT\triangle AOC$中

$$AC = \sqrt{OA^2+OC^2} = \sqrt{100^2+60^2} = 116.6$$

这意味着:倘若饿狼沿AC方向直奔兔子洞穴,那么由于兔子速度只有狼速度的一半,当饿狼到达兔穴洞口时,兔子只跑了$116.6 \div 2 = 58.3$码

距离,离洞口尚差1.7码。这时先行到达洞口的饿狼,完全可以守在洞口,"坐等"美餐的到来!

以上计算似乎天衣无缝,结论只能是兔子厄运难逃。可实际上这是错误的!饿狼不可能未卜先知地直奔兔穴洞口去"坐守",它的策略只能是死死盯住运动中的兔子,这样它本身也就运动成一条曲线,这条曲线可以用解析的方法推导出来:

$$y = \frac{1}{30}x^{\frac{3}{2}} - 10x^{\frac{1}{2}} + \frac{200}{3}$$

当 $x = 0$ 时,代入上式得 $y = 66\frac{2}{3}$。

这意味着,如若北边没有兔子洞,那么当兔子跑到离原点 $66\frac{2}{3}$ 码的 B 点时,恰被饿狼逮住。然而有幸的是,兔子洞离原点仅有60码,此时此刻兔子早已安然进洞了!

随着"饿狼扑兔"谜底的解开,对于"守株待兔"的辩析,似乎也已接近尾声。不料,后来又有人提出异议,对《守株待兔》故事的真实性表示怀疑,理由是:那么机灵的兔子怎会自己撞到偌大的树桩上去?它那两只精灵的大眼睛干什么去了?!

说得不无道理!不过,答案是肯定的。要说清这一点,还是从眼睛的功能谈起。

眼睛的视觉功能是有趣的:一只眼睛能够看清周围的物体,但却无法准确判断眼睛与物体之间的距离。下面的实验可以极为生动地证实这一点。

找两支削尖了的铅笔,两只手各拿起一支。闭上一只眼睛,让两支笔的笔尖从远到近,对准靠拢。这时,你会发现一种奇怪的现象:任你怎么集中注意力,两支笔尖总是交错而过!然而,如若你睁着双眼,要想对准笔尖,那是很容易做到的。

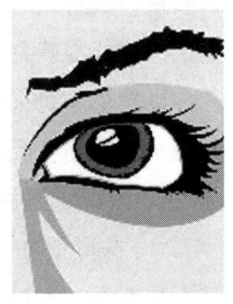

以上实验表明:用两只眼看,能准确判断物体的

位置,而用一只眼看却不能!那么,为什么两只眼睛便能判定物体的准确位置呢?

原来,同一物体在人的两眼中看出来的图像是不一样的!下图是一个隧道分别在两眼中的图像,它们之间的不同是很明显的。

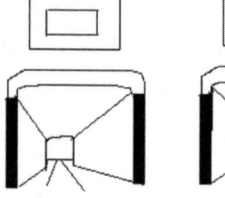

为了证明这两侧图形确是由你左右两眼分别看出的,你可把上图摆在你的面前,然后两眼凝视图中央空隙的地方,如此集中精力几秒钟,并全神贯注于一种要看清图后更远的意念。这样,无须很久,你的眼前便会出现一种要看清图后更远的意念。这样,无须很久,你的眼前便会出现一种神奇的景象:左图左右两侧的形象逐渐靠近,并最终融合在一起,变成了一幅壮观的立体隧道图形!

左图是个很好的练习,它选自别莱利曼《趣味物理学》第九章。当你感到两侧图象靠近并融合时,你会领略到一幅壮丽的海上景观:一艘轮船在宽阔的海面上,乘风破浪!

现在我们回到兔子撞树的讨论上来。

仔细观察一下便会发现,人眼与兔眼的位置是不相同的:人的两眼长在前方,相距很近,而兔的两眼却长在头的两侧。又根据测定,兔子每只眼睛可见视野为189°30′,而人的每只眼睛可见视野为166°。不过,由于人的两眼长在前面,因此两眼同时能看到的视野有124°左右。在这一区域内的物体,人眼能精确判定其位置。而兔眼虽说能看到周围任何东西,但两眼重合视野只有19°,其中前方10°,后方9°。因此兔子只有在很小的视区内才能准确判断物体的远近!

纵然兔子对来自四方的威胁都能敏锐地感觉,但对鼻子底下的东西,却完全看不到!况且在惊慌失措的奔命中,说不准早已昏了头脑,撞树的事也就难保不会发生。

"守株待兔"的故事,是韩非子亲眼所见呢,还是他杜撰的?现在自然无法查考。不过,据上面分析,这个故事还是可信的!

捷径的迷惑

有这样一个故事:

地理老师提问一位学生:"请指出从上海到广州距离最短的路"。学生看了看摆在讲台上的地球仪,从容答道:

"是一条挖通广州与上海的直线隧道。"众哗然!

其实,从理论上讲这位学生说的并没有错。那是根据平面几何里的一条公理:"两点间线段最短。"不过,生活在地球上的人类,习惯于把自身的活动,限制在这个星球的表面予以考虑。这样,在上海与广州之间的短程线,很自然地被理解为过上海和广州之间的一段大圆的弧。这段大圆的弧约长1200千米。

球面上过两点的大圆的弧,可以用以下的办法直观地显示出来:在地球仪上拉紧过两点的一条细线,这条细线即可看为大圆的弧。

上面的故事是人为杜撰的呢,还是真有其事?现在已无从得知。不过,抱有上述想法的,历史上可不乏其人!

大约在本世纪初,列宁格勒(旧称彼得堡)出现过一本书名很怪的小册子,叫作《彼得堡和莫斯科之间的自动地下铁道》,一本还只写成三章,未完待续的幻想小说。作者在书中提出一个惊人的计划:在俄国新旧两个首都之间,挖一条600千米长的隧道。这条笔直的地下通路,把俄国的两大城市连接起来。这样,"人类便第一次有可能在笔直的道路上行走,而不必像过去那样走弯曲的路!"作者的意思是:过去的道路都是沿着弯曲的地球表面修筑的,所以都是弧形。而他设计的隧道却是笔直的!

不过作者写书的主要意图,还不在于考虑两点间线段最短。而是这样的隧道如能挖成,则有一种奇异的现象:任何车辆能像单摆一样,在两个城市间来回移动。开头速度很慢,后来由于重力的作用,车速越来越快;接近隧道中点的地方,达到了难以置信的高速,而后逐渐减速,靠惯性行进到另外一头。如果摩擦力可以忽略不计的话,走完全程只需42分12秒!

光沿短程线前进的性质,这是物理学家早就注意到的。如下图,由 A 点射出的光线,通过 l 上的点 C 反射到 B 点,则由入射角等于反射角推知,C 点即线段 $A'B$ 与 l 的交点。这里 A' 是 A 关于直线 l 的对称点。容易证明,对于 l 上的另一点 C',必有 $AC'+C'B>AC+CB$,

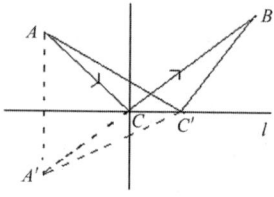

事实上 $AC+CB = A'C+CB = A'B < A'C'+C'B$
$\qquad\qquad\qquad = AC'+C'B$

结论是很明显的!这表明光所走的折线 ACB,是从 A 经 l 到 B 最短的路线。

不过严格地讲,光所走的是一条捷径。即走完全程所用的时间最短。

建议读者亲手做一做下面的试验:

在光滑桌面的另一半,铺上一层薄薄的绒布。让一颗铁球由光滑面斜着滚向绒布。这时你会看到一种奇特的现象:铁球在绒布的交界处突然折转了方向,如同光线的折射一般!上述现象发生的原因在于,铁球在光滑桌面和绒布上行进的速度不相同。铁球也像光线一样,走的是一条捷径!

下面是一个有趣的问题:

一只蜘蛛在一块长方体木块的一个顶点 A 处,一只苍蝇在这个长方体的对角顶点 G 处,问蜘蛛要沿怎样路线爬行,才能最快抓到苍蝇?

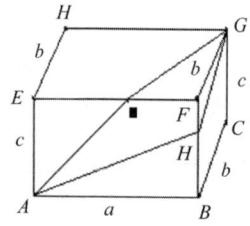
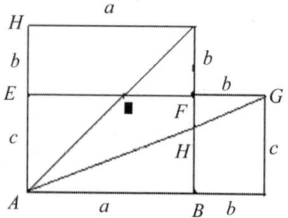

显然,当把长方体(左上图)的上底面及右侧面展开成如同右上图的平面图时,蜘蛛爬行的路必须是线段 AMG 或 ANG 中较短的一条。假令 $AB=a, BC=b, AE=c$,则由图知

$$AMG = \sqrt{(b+c)^2 + a^2} = \sqrt{a^2+b^2+c^2+2bc}$$

$$ANG = \sqrt{(a+b)^2 + c^2} = \sqrt{a^2+b^2+c^2+2ab}$$

当 $a>c$ 时,ANG>AMG,说明蜘蛛应当沿折线 AMG 爬行,才能最快抓到苍蝇;反之,则必须沿折线 ANG 爬行!

另一个类似的趣题:苍蝇为了防止蜘蛛的袭击,而想爬过长方体所有的六个面探查一下,并尽快地返回原地。那么苍蝇至少要爬行多长的路?

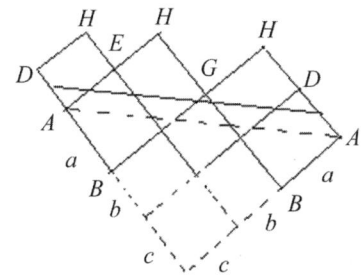

这个问题的结论不太容易想到。从下面的展开图中可以看出,苍蝇爬行的路线应当是一条过 G 点而又平行于图中虚线 A—A 的线段(为什么?请读者想一想)。容易算出,这条线段长为 $\sqrt{2}(a+b+c)$。这个量与苍蝇原先所在位置无关(为什么?)。

很明显,对于可以展成平面的曲面,曲面上的短程线问题,都可以用类似上面展开的方法加以解决。右图的圆锥曲面就是一个例子。

然而,并非所有的曲面都能展开成平面。

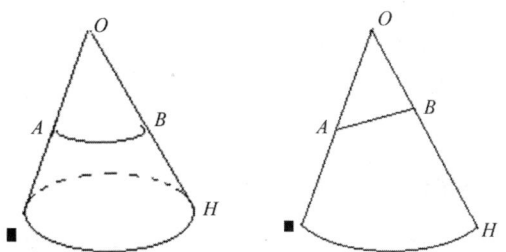

我们最常见的球面,其任何一小部分,都不可能毫无重叠或破裂而展成平面。这就是无论哪一种地图,总不可避免地要产生变形的原因,没有一点畸变的地图根本不存在!这样,当你翻开一张地图细心观察时,你便会发现一个有趣的现象,图上画的航线几乎都是一条条弧线。这才是真正的球面短程线——大圆弧线。而图面上看起来是直的线,实际上只是保持与经线等角的斜航线。

抽签之谜

班级决定举行法律知识竞赛,各小组出一名代表参加。为了检查基本法律知识的普及面,规定全班同学都做准备,赛前由各小组用抽签的方式,随机决定参赛人选。

比赛定在下午举行。上午放学路上,小聪、小明和小花3个同组的同学走在一起,边谈边议着下午竞赛的事。小朋对小聪说:

"你们比我们准备得都要充分,下午抽签你就先抽吧!"

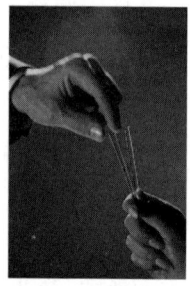

"这跟抽签先后有什么关系?"

"啊!怎么没关系!先抽的人当然要比后抽的人抽到的机会要大。"

"这也不一定!"在一旁听他们争论的小花冷不防插了一句。

"怎么会不一定!"小明急忙辩解,"第一人抽的时候,无论如何做记号的签纸还在,假如这张纸被第一个人抽去了,那后面的人就根本不用抽了"。

小明一边对小花说着,一边目光频频朝小聪看,似乎在寻找支持者。不料小花不甘示弱,语出惊人,说出了一番颇有分量的话:

"我看后抽的人抽到的可能性更大。比如我们组有10个人，做记号的签条只有一张，因此第一个抽到的可能性是十分之一。由于$\frac{1}{10}$的概率是很小的，所以第一个人一般是难于抽到的。但对第二个人来说，这时只剩下9张签纸，其中包含了一张做有记号的，因此他抽到这张签纸的可能性是九分之一。这比第一个抽到的十分之一可能性要大些。如果前9个人都没有抽到的话，那么最后一个人抽到有记号签纸就是必然的了，这时抽到的概率还等于1呢！可不是！"

小明被小花一番有板有眼的话说得语塞，一时想不出什么更有力的论据，只是怀疑地反问：

"你说的都是别人抽不到有记号的签，如果别人抽到了呢？"

这时，刚才一直在思考的小聪，出乎意料地半路杀出一种观点来："我看所有人抽到有记号的签的机会是一样的！"

"怎么？一样？"小明和小花异口同声地惊呼！这的确有点使人难以置信。小明一向佩服小聪，知道他没有相当把握是不会轻易作结论的，但这时也不禁满腹狐疑：

"要知道第一个人抽时有10张签纸，而最后一个人抽时只有一张签纸，事实上他抽不抽都无所谓，因为实际已经决定了的。他们抽到有记号签的机会能一样吗？"

"是的，我是这样认为的。"小聪不觉加重了语气。随着他问讯小明和小花，"全组有10个人，一个接一个地抽，抽到什么签，假定大家暂时都不看，或者即使看了，也暂时不声张，那么每个人拿到有记号签的可能性有多大呢？"

"十分之一！"两人齐声回答，似乎有点不以为然。

"现在大家再去看抽的是什么签，这与抽签顺序及抽到签的内容会有影响吗？"小聪又一个问。

"当然没影响！"小明和小花又一次齐声答。

"那这不是说他们抽到有记号签的可能性都是十分之一吗？"小聪胸有成竹。

"?!"

真是绝妙的解析！小明和小花似乎为小聪的智慧所折服。真的,当初他们还以为这是"针尖对麦芒"式的抬杠呢！虽说如此,在他们的心里还是有点嘀咕:"抽签的人都是一抽到就看签纸的呀!"他们老感到这个前提有点蹊跷。但小聪本人也无法说出一个所以然,他们决定第二天把这个关于抽签顺序的"谜"请教老师。

老师没有直接回答"谜底",而是拿了一些围棋子,放入小布袋中,问大家:"假定袋里有 m 个白子和 n 个黑子,那么第一次摸到白子的可能性有多少呢?"

"$\dfrac{m}{m+n}$"大家答。

"摸到黑子呢?"

"$\dfrac{n}{m+n}$"。

"对!"老师肯定说,"现在假定这个已经摸出的棋子不放回去,那么袋里一共还有几个棋子?"

"有$(m+n-1)$个"三人异口同声回答。

"如果这时大家从袋子里抽出一个白子的可能性是多少呢?"老师继续问。

三人全都陷入了沉思。到底是小聪反应快些,他说:"老师,我们还不知道第一次抽的是白子还是黑子呢?"

"很好!"老师赞许地点点头,"第一次可能抽到白子,也可能抽到黑子"。

"那么两种情况都要考虑对吗?"三人似有所悟。

"对极了,同学们。现在请你们拿张纸算一算吧!"

于是3个朋友围在小桌旁,边讨论边计算。跃在纸上的算式,清晰地描绘了以下的思路:

第一次如果摸到白子,那么袋子里剩下 $m-1$ 个白子和 n 个黑子。此时去摸,又得白子的可能性为 $\dfrac{m-1}{m+n-1}$

第一次如果摸到黑子,那么这时袋子里剩下 m 个白子和 $n-1$ 个黑子。此时去摸,也得白子的可能性为 $\dfrac{m}{m+n-1}$

注意到第一次摸到白子的可能性为 $\dfrac{m}{m+n}$,摸到黑子的可能性为 $\dfrac{n}{m+n}$,因此第二次摸到白子的总可能性是:

$$p = \dfrac{m}{m+n} \cdot \dfrac{m-1}{m+n-1} + \dfrac{n}{m+n} \cdot \dfrac{n}{m+n-1}$$

$$= \dfrac{m}{m+n}$$

"老师,第二次摸到白子的可能性也是 $\dfrac{m}{m+n}$。"三人为所得结论兴奋不已。

"那么第三次、第四次摸到白子的可能性呢?"老师再问。

"每次摸到白子的可能性都跟前一次是一样的,都应该等于 $\dfrac{m}{m+n}$",小聪推理地说,小明和小花也投以赞同的目光。

"太好了,同学们,我想你们已经能够自己得出抽签之"谜"的谜底了!"

亲爱的读者,可能你也猜到关于抽签顺序的谜底了。那么,你能说一说,小明、小花和小聪他们三人开始的结论,谁是对的呢?

大敦穴的发现

《内经》是我国最古老的一部医学宝典,其中的《针刺篇》曾记载了这样一个故事:

有一个樵夫经常犯头痛病,但找不到治疗的办法。有一次,这个樵夫

上山去砍柴,无意中碰破了大脚指,出了一点血,但这时他却感到头部不痛了,当时他也没有在意。后来,他的头痛病复发,在砍柴时又偶然碰破了上次碰破过的地方,这时他的头痛病又好了,这次却引起了他的注意:奇怪,为什么碰破了这个部位,我的头痛病就好了呢?于是便记住了这个部位。以后,每当他犯了头痛病的时候,就有意识地去刺破这个部位,结果头痛病马上就好了,或是减轻了疼痛。这个樵夫所碰的部位,就是现在人体穴位中的大敦穴,它在大脚指的指甲的外侧根部。

这个樵夫发现大敦穴的过程,就是采用了不完全归纳法。

我们知道,归纳推理是从特殊性的前提,推出一般性结论的一种推理方法,也就是从特殊到一般的推理方法。归纳推理又分为不完全归纳法和完全归纳法。

不完全归纳法是从一个或几个(但不是全部)特殊情况出发,得出一般性结论的归纳推理,在日常生活中及数学中经常用到这种方法。

比如,人们通过实验,发现金能导电、银能导电、铜能导电、铁能导电、铅能导电……而从来没有发现不导电的金属,于是,人们便作出结论:一切金属都能导电。这种推理方法就是不完全归纳法。

又如,探求多边形的内角和公式时,先通过对四、五、六边形的研究,寻求规律,进而归纳出多边形的内角和公式。

在求四边形的内角和时,引它的一条对角线,则四边形被分成两个三角形,于是得到四边形的内角和为

$$(4-2)\times 180° = 360°$$

在求五边形的内角和时,从它的一个顶点引出两条对角线,则五边形被分成3个三角形,于是得到五边形的内角和为

$$(5-2)\times 180° = 540°$$

在求六边形的内角和时,从它的一个顶点引出三条对角线,则六边形被分成4个三角形,于是得到六边形的内角和为

$$(6-2)\times 180° = 720°$$

……

一般地,当多边形的边数为 n 时,它的内角和为

$$(n-2)\times 180°$$

这种推导多边形内角和公式的方法也是不完全归纳法。

我们再来看一个例子：

先观察几个式子：

$1+3=4=2^2$

$1+3+5=9=3^2$

$1+3+5+7=16=4^2$

$1+3+5+7+9=25=5^2$

……

这里有什么规律呢？我们看到，等式的左边是从 1 开始的连续奇数的和，等式的右边是一个完全平方数，左边有几个奇数，右边就是奇数个数的平方。

由此总结出：

$$\underbrace{1+3+5+\cdots+(2n-1)}_{n\text{个奇数}}=n^2$$

这种总结规律的方法采用的也是不完全归纳法。

龟雁相逢

小学数学课本中的行程问题分成两大类，一类是"相遇行程问题"，一类是"追及行程问题"。运用行程问题的原理可以解决许多数学问题，如工程问题、行船问题和工作问题。但是你知道世界上是哪个国家系统而全面地研究这个问题吗？

实际上，我国是世界上最早研究和使用行程问题的原理及用这个原理来解决实际生产和日常生活有关问题的国家。

早在距今 1900 多年前，我国东汉初期成书的《九章算术》中就有关于

"相遇行程问题"的记载。该书第六章第二十题"今有凫起南海,7日至北海;雁起北海,九日至南海。今凫雁俱起,问何日相逢?"

题中,凫是一种能飞的野鸭;凫雁俱起就是一齐起飞。

解:设南海经至北海路程为整体"1"。凫飞完全程需七日,每日飞全程的"$1÷7=\frac{1}{7}$(即凫速度);雁飞完全程需九日,每日飞全程的"$1÷9=\frac{1}{9}$(即雁速度)。

今凫、雁俱起几日相遇?

$$1÷(\frac{1}{7}+\frac{1}{9})=1÷\frac{16}{63}=3\frac{15}{16}$$

答:凫雁$3\frac{15}{16}$日相遇。

洛书的神幻

将1~9九个数填在下面的空格中,使每行、每列、每条对角线上三个数的和都相等。这是一个古老的数学问题,在我国古代称为"九宫算""纵横图"。

在国外称它为"幻方"或"魔方阵"。它还联系着一个古老的传说。

4	9	2
3	5	7
8	1	6

公元前二千多年,那时我国大地上洪水泛滥。人们无法生活,有个叫夏禹的为大家治水。据说当时从洛水中浮起一只大乌龟,背上有着奇特

的图案。夏禹根据这个图案的启示终于治水成功。后来人们把这个图案称为"洛书",长期来人们对它感到神幻莫测,实际上这是上面提出的将1~9九个数填入九个空格中的数学题。

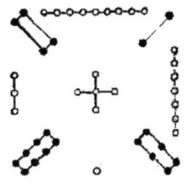 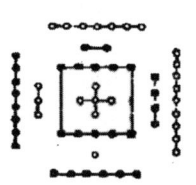

那么,怎么填这九个数?宋代著名数学家杨辉提出一种解法,这种解法可以简单地归纳成四句话:"九子斜排,上下对易,左右相更,四维突出"。意思是先将1~9九个数依次斜排,然后将(1)与下(9)对调,左(7)与右(3)对调,再将四面中间的数(2、4、6、8)向外挺出就成功了。

4	9	2
3	5	7
8	1	6

2	7	6
9	5	1
4	3	8

6	1	8
7	5	3
2	9	4

8	3	4
1	5	9
6	7	2

8	1	6
3	5	7
4	9	2

4	3	8
9	5	1
2	7	6

2	9	4
7	5	3
6	1	8

6	7	2
1	5	9
8	3	4

除此之外,还有三阶、四阶……

16	2	3	13
5	11	10	8
9	7	6	12
4	14	15	1

17	24	1	8	15
23	5	7	14	16
4	6	13	20	22
10	12	19	21	3
11	18	25	2	9

游戏中巧妙绝伦

教师必备知识丛书

猜 帽 色

这是一个有趣的智力游戏。

老师为了测试甲乙丙丁 4 名学生的分析推理能力,拿了 5 顶式样相同的帽子给他们看,并强调说:"这里有两顶白帽,一顶红帽,一顶黄帽,一顶蓝帽"。接着他让四人依序坐在四级台阶上,然后叫他们闭上眼睛,又替每人戴上一顶帽子。最后,他让学生们张开眼睛,并判断自己头上戴的帽子是什么颜色。

结果是出人意外的。虽说坐在后面的人看得见前面的人所戴帽子的颜色,但甲、乙、丙三人看了看并想了想,都摇头说猜不出来。某丁坐在最前面,他看不到别人的帽色,但此时却发话了,说他业已猜到自己所戴的帽子颜色。

某丁是如何断定自己的帽色呢?可能聪明的读者已经猜出了游戏的谜底。其实某丁的判断并不难,他是这样思考的:

"某甲得天独厚坐得最高,能看到其余三人的帽子,他为什么说猜不出来呢?肯定他看到了前面有人戴着白帽。因为假如前面的人都戴杂色帽的话,那么他就能猜出自己所戴的是非白帽而莫属了。再说某乙,她可是个聪明人,某甲的想法,她自然了如指掌。那么她为什么也说猜不到呢?一定是她也看到了前面有人戴着白帽。不然的话,她就会从某甲的态度和其他人的帽色,判断自己戴着白帽。最后说某丙,她的智商绝不比某乙低,可她为什么也说猜不到呢!理由只能是一个,就是她看到了我头上戴着白帽。"

就这样,某丁从众人的否定中对自己的帽色作了肯定!

下面是另一类有趣的"猜帽色"问题。

老师为了辨别他的三个得意门生中谁更聪明些,而采用了以下的方

法:事先准备好5顶帽子,其中3顶是白的,2顶是黑的。他先把这些帽子让三个人都看了看,然后要他们闭上眼睛,又替每人戴上一顶帽子。实际上老师让每人戴的都是白帽,而将黑帽子藏了起来。最后再让他们张开眼睛,并判断自己头上戴的帽子是什么颜色。

三位学生互相看了看,都犹豫了一会儿,然后又几乎同时判定出自己头上戴着白色的帽。

那么,这三位学生是怎样推断出自己的帽色的呢?原来他们用的是"分析否定信息"的方法。谜底是这样的:

三个人为什么都犹豫了一会呢?这只能说明他们都没有人看到两顶黑帽,也就是说三人中至多只能有一人戴黑帽。这一点在犹豫的一刹那,三个聪明的学生当然都意识到了。此时某甲想:"我头上戴的如果是黑帽的话,那么某乙某丙应当猜出他们自己戴着的白帽了,因为黑帽不可能有两人戴。然而乙、丙都在犹豫,可见我是戴白帽了!"与此同时,某乙某丙也都这样想着,因此三人几乎同时脱口而出,猜着了自己的帽色。

十 五 点

有一种15点游戏,这种游戏由两个人来玩,玩法是两人各持黑白棋子中的一种(每种棋子需要5枚),轮流往写有1~9的一张卡片上放棋子,每人每次只能放一枚,每个格内放过以后就不能再放。谁先把加起来等于15的5个数盖住,谁就获胜。下面是A、B两人对弈的一盘。A持黑子,B持白子,A先放。

①A把棋子放在9上;②B把棋子放在6上;③A把棋子放在4上。

④B必须把棋子放在2上,否则A就可以取胜;⑤A必须把棋子放在7上,否则B就可以取胜了。

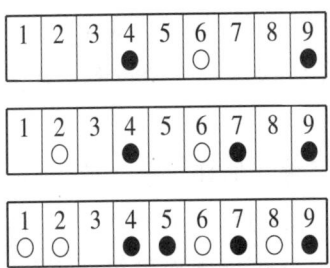

⑥B 把棋子放在 8 上;⑦A 把棋子放在 5 上;⑧B 把棋子放在 1 上。

A 用棋子盖住的数字有 9、7、4、5,而这 4 个数中任何 3 个数之和都不等于 15。B 用棋子盖住的数字有 8、6、2、1,其中 8+6+1 = 15,所以 B 取得了胜利。

玩这种游戏有没有必然取胜的方法呢?

先分析一下 1~9 之间 3 个数和是 15 的情况:

1+5+9 = 15　　2+6+7 = 15

1+6+8 = 15　　3+4+8 = 15

2+4+9 = 15　　3+5+7 = 15

2+5+8 = 15　　4+5+6 = 15

如果把这 8 种情况都熟记在心中,那就可以根据对方盖住的数字和自己盖住的数字,来争取胜利。

有没有更方便的办法呢? 我们先看下面的"井"字游戏。很多人都玩过这种游戏,两人轮流往"井"字格里放棋子,谁的三枚棋子先连成一行(横行、竖行、对角线均可)谁就获胜。

下面三个图表示持黑子者先走,至此无论持白子者怎么放,持黑子者都能取得胜利。

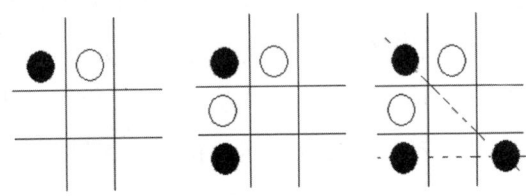

现在我们再研究一下 3 阶方阵:它的每行,每列以及两条对角线上 3

个数字之和都是15,共有8个算式,这8个算式正好是我们前边提到的1—9之间3个数字之和,是15的8个算式。

6	1	8
7	5	3
2	9	4

如果依照玩"井"字游戏那样对照3阶方阵15点游戏,就可获得取胜的方法。若游戏的双方都掌握了这个要领,那么就可以走成平棋而不致失败。

现在分析一下开始所举的15点游戏的一个例子,把A、B两人的放法移到"井"字格上,并把3阶方阵中的各数写在"井"字格里。

我们不难看出,在图三的第⑥步中(即B把棋子放在8上),B已设下了埋伏,第7步不论A怎么走,B都能取得胜利。

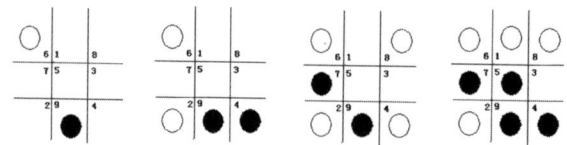

上面给出的3阶方阵可以经过旋转镜面反射,得到8种不同形状的3阶方阵。在玩15点游戏时利用其中的任何一种都可以。

宁　蒙

一种受人喜爱的对策游戏的魅力在于,对策的双方都有取胜的机会。人人都可以运用自己的智慧,谋求取胜的策略;人人都希望自己能比对手技高一筹。倘若一种对策游戏,对策双方对取胜之道都一清二楚,大家都按某种固定的规则去应付对方,双方间的秘密已荡然无存。这样的游戏必定索然无味,对策本身也就失去了魅力。

数学家的兴趣则是完全另外一回事,他们竭尽心思想弄清各种游戏的取胜策略或取胜的可能性大小。因为他们认为,从研讨对策模型所获得的数学方法,远比对策中的胜负要重要得多。不过,即使数学家们已经得出准确结论的东西,也未必能为世人所尽知。人们依旧津津乐道地玩他们自己的游戏!公元1912年,德国数学家策梅罗(Zermelo,1871—1953)研究了国际象棋中的对策,证明了某三种全局着法中,必定存在一种不依赖对方怎样行动,总能取胜或下成和局的着法!但这丝毫没有影响人们对于国际象棋的爱好,世界性的比赛依然一个接着一个!

还有一种极为有趣的火柴游戏,数学家们对它的研究早已一清二楚,但至今仍然深深地吸引着许多青少年爱好者,成为他们课余饭后的一种娱乐。这种游戏源于我们中国,大约一百年前传入欧洲,取名"宁蒙",也叫中国二人游戏(Chinese Game of Nim)。

游戏的方法是这样的:有若干堆火柴,每堆火柴的数目是任意的。现有A、B两人轮流地取这些火柴,每人只能从某堆中取去若干根火柴,也可以整堆全部取走,但不允许跨堆取,即不能一次向两堆中拿。约定谁拿掉最后一根火柴就算谁赢。

数学家们已经完全掌握了这种两人游戏的制胜诀窍。为了让读者充分了解取胜的奥妙,我们先从游戏中的获胜位置讲起。为叙述方便,我们用记号$(p,q,r,\cdots,s)$表示对策中火柴的状态。例如$(2,2)$表示有两堆火柴,每堆各有两根;$(1,2,3)$表示有三堆火柴,各堆分别为一根、二根和三根等等。

很明显,$(1,1)$是一种获胜位置,这是可以直接加以验证的。$(2,2)$也是一种获胜位置。事实上当A拿成$(2,2)$后,无论B怎样应付都有A胜(见上图)。同样,$(1,2,3)$也是获胜位置。当A拿成$(1,2,3)$后,B可能拿成以下几种情形:

1°   B拿成$(2,3)$,   A拿成$(2,2)$·胜;

2°   B拿成$(1,2,2)$,   A拿成$(2,2)$·胜;

3°   B拿成$(1,1,3)$,   A拿成$(1,1)$·胜;

4°   B拿成$(1,3)$,   A拿成$(1,1)$·胜;

5°   B拿成$(1,2,1)$,   A拿成$(1,1)$·胜;

6° B 拿成(1,2), A 拿成(1,1)·胜。

同样分析可以知道(n,n)·及(1,2n,2n+1)·等都是获胜位置。那么一般地,怎样的位置才是获胜位置呢?

把每一堆火柴的数目用二进制数表示出来,写成一行。于是,有几堆火柴就有几行二进制数码。例如(2,2)、(1,2,3)、(3,6,7)和(4,5,6,7)等状态,可以相应写出:

```
                                              1 0 0
              1        1 1                    1 0 1
1 0         1 0      1 1 0                    1 1 0
1 0         1 1      1 1 1                    1 1 1
-----       -----    -------                  -------
偶 偶       偶 偶    偶 奇 偶                  偶 偶 偶
```

把各行数对齐,并将各列数码相加(不进位),把各自结果的奇偶性写在该列的下方。如果得到的全是偶的,则相应的火柴状态称为正确的状态。数学家告诉我们,正确的状态是获胜位置,不正确的状态就不是获胜位置。

道理并不难,假定 A 拿成了一种正确状态,这时各堆火柴的数目所写成的二进制数各列之和均为偶数。现在轮到 B 拿,B 不可避免地要动到某行二进位数,从而使这一行的一些 1 变成 0,而另一些 0 变成 1。这就使得一些列的和由偶变为奇,从而由正确状态变为不正确状态。

反过来,如果 B 已经拿成不正确状态,比如拿成

偶,偶,奇,偶,奇,偶。

这表明在右起第二列和第四列内,至少各有一个 1,此时有以下两种可能性:

(1)上述两个"1"在同一个二进位数内,即

××1×1×

则 A 只要从这一个二进位数相应的那堆火柴里,取走 $1010_{(2)} = 10$ 根,这一行的数就变为

××0×0×

上式有"×"的地方,数字不变。这样,A 拿后的火柴状态变为正确状态。

这时相应二进位数各列之和,包括第二列与第四列,都变为偶数。

(2) 上述两个"1"不在同一行,而在两个不同的行:

$$\begin{pmatrix} \times\times1\times0\times \\ \times\times0\times1\times \end{pmatrix}$$

由于 $1000_{(2)} - 0010_{(2)} = 8 - 2 = 6 = 0110_{(2)}$

也就是说,当从上一行相应的堆取走 6 根火柴时,上面两行将变为如下状态:

$$\begin{pmatrix} \times\times0\times1\times \\ \times\times0\times1\times \end{pmatrix}$$

式中有"×"的地方,数字都不变。从而各列之和全为偶数。即此时 A 已拿成正确状态。

综合以上两种情形,说明如果 B 拿成不正确状态,则 A 一定有办法把它拿回到正确状态。而 A 一旦拿成正确状态,轮到 B 拿就只能破坏这种状态,这就是说,只要 A 在游戏的某个时刻把握住了正确状态,它实际上已经稳操胜券了!

我想聪明的读者大约都已掌握了火柴游戏的取胜秘诀。不过,如果对方是生手,你完全不必如临大敌。因为开始时每堆火柴数目很多,堆数也很多,你完全可以随心所欲地拿。等火柴拿得差不多时,再看准那些形如:

$(2,2), (1,2,3),$

$(n,n), (1,2n,2n+1)$。之类基本获胜位置或它们的组合,你的胜利是完全不成问题的!

摆 硬 币

对数学家来说,一种有意义的对策或游戏,往往不必进行到最后,便能洞悉最终的结局,有时甚至一开初就能捕捉住决胜的机遇。

下面是一个著名的古典对策游戏:两个人坐在一张普通的圆桌子旁,轮流往桌面上摆硬币,双方约定,所放的硬币必须是同样币值的,且均须平放而不许重叠。谁在桌上放下最后一枚硬币,他就是胜利者。

对这个问题,数学家们将作何评论呢?他们会毫不迟疑地说:"要是我,一定选择先放!"

在数学家看来,整个对策游戏处于对称状态。如若把第一枚硬币摆在圆桌的中央,然后按"对称"原则,每当对方放下一枚硬币的时候,我们就在圆桌中心为轴心,与硬币对称的位置下也放一枚。只要对方尚有地方放,我方也一定会有对称的地方放,直到对方无处可放为止。这种游戏的获胜策略,在数学家的脑海里是无与伦比的清晰。

冯·诺依曼(John Von Neumann,1903—1957)是当代杰出的数学家,对策论的创始人。有一次,有人向他请教一个游戏问题:九张扑克牌,分别是A(作为一点)、2、3、…、9。两人轮流取一张牌,已取走的牌不能重新放回去,谁手中有三张牌的点数加起来会等于15,就算谁赢。问要怎样取牌才能获胜呢?冯·诺依曼教授想了一分钟,说道:"唔!这个游戏倒有点意思。先走的人略占便宜,但是后走的人如果应付得当,一定可以打成平局。"经教授点破后,请教的人终于恍然大悟。

那么在冯·诺依曼教授的眼里,这是怎样的一个问题呢?大家一定还记得《数学世界的"海市蜃楼"》一节里讲到的幻方"洛书"吧!游戏中要求拿到的三张牌的点数为15,实则就是要尽量使自己所拿的三张牌,恰好是洛书中的某行、某列或对角线上的三个数字。这样,我们所讲的对策问题,跟大家所熟悉的"吃#字"游戏,是完全一样的。"吃井字"的玩法是:两人轮流在一个井字格里分别画"○"或"×",谁能把自己所画的"○"或"×"连成一直线,谁就算赢。

2	9	4
7	5	3
6	1	8

1907年,数学家威索夫(Wythoff)发明了一项两个人玩的游戏。在这个游戏中,两人轮流从甲乙两堆火柴中移走一些火柴。开始时每堆火柴的数目是任意的,比如各为 p 和 q。我们用有序数偶(p、q)来表示此时火柴的状态。

游戏的规则是这样的,每次可用以下三种方法之一移动火柴。

(1)从甲堆中移走一些火柴;(2)从乙堆中移走一些火柴;(3)从两堆中各移走数目相同的火柴。

用代数方法表达这些规则就是,把(p,q)变成下列三种有序数偶之一:$(p-t,q)$,$(p,q-t)$,$(p-t,q-t)$。由于规定每次移动至少要有一根火柴,所以 $t \geq 1$。不过 t 的选取取决于参加游戏的人,甚至可以取走整个一堆,只是谁取走最后一根火柴算谁赢。

例如,开始游戏时的火柴状态为(17,14),由 A 先拿:

A 拿成(16,13),B 拿成(9,13);A 拿成(9,7),B 拿成(6,7);A 拿成(4,7),B 拿成(4,2);A 拿成(1,2)*,B 拿成(1,1),(0,1),(0,2)或(1,0);A 拿成(0,0)* 获胜。

不难看到,A 达到打有"*"号的数偶(1,2)是关键的一着,因为此时 A 实际已经取胜,此后 B 无论怎样应对,都难免于失败。所以(1,2)我们称为获胜位置。当然,(0,0)更是获胜位置。

从最末一个获胜位置(0,0)开始,我们可以推出如下一张获胜位置表,这张表可以通过逐一尝试到:

倒算顺序	获胜位置(p,q)	p	q	|p-q|
1	(0,0)	0	0	0
2	(1,2)	1	2	1
3	(3,5)	3	5	2
4	(4,7)	4	7	3
5	(6,10)	6	10	4
6	(8,13)	8	13	5

倒算顺序	获胜位置(p,q)	p	q	$\|p-q\|$
7	(9,15)	9	15	6
8	(11,18)	11	18	7
9	(12,20)	12	20	8
⋮	⋮	⋮	⋮	⋮

例如,当 A 拿成(3,5)时,此后无论 B 怎样应付都有:

B(3,4);A(1,2)*胜;B(3,3);A(0,0)胜;B(3,2);A(2,1)*胜;B(3,1);A(2,1)*胜;B(3,0);A(0,0)胜;B(2,5);A(2,1)*胜;B(1,5);A(1,2)*胜;B(0,5);A(0,0)胜。

因此得出(3,5)也是一个获胜位置,等等。可以看出,上表中的 p、q 有以下规律:

(1)表中的 ♣ $p-q$ ♣ 栏,按自然顺序递推;

(2)除 0 以外,p,q 两栏的数字,既不重复又不遗漏地包含了所有的自然数;

(3)表中某个获胜位置的 p 值,恰是前面所有获胜位置中尚未出现过的最小自然数。

根据上面三条,我们能够把获胜位置的表,无限制地延续下去。如表中紧接着未写出的获胜位置(m,n)可以这样推出:首先 m 应是前面没出现过的最小整数,即得 $m=14$,又 $n-m=9$,得 $n=23$。从而,表中下一个获胜位置为(14,23)。如此等等。

威索夫教授证明了:一旦某甲达到了某个获胜位置,那么某乙接下去绝不可能达到表中的其他获胜位置。反过来,如果某乙所达的位置不在表中,则某甲接下去一定有办法把它拿成表中的获胜位置。也就是说,某甲一旦拿成获胜位置,那么实际上他已经稳操胜券。

魔术猜姓

世界上有许多现象,光凭外观是很难洞悉它内在的本质;但也有两件似乎风马牛不相及的事情,却有着千丝万缕的联系。

速算是很引人入胜的,两个十位数字相同而个位数相补(和为10)的数,它们的乘积可以立即写出。例如:32×38＝1216 97×93＝9021。诀窍是:答案的头两位数等于共同的十位数乘以该数加1;而后两位数则等于个位数的积。

任何一个初中学生都能够用学过的代数知识去验证上面速算的正确性。但并非人人原先就懂得这种关系。当他们第一次遇见这样算法时,同样会诧异不已!

下面介绍一种奇特的乘法,大约不会有很多人一下子就想到它与二进位数的亲缘关系。

例如你要做乘法29×17。先处理29:把它除以2,得到整商14写在29下面;再把14除以2,又把整商7写在14下面;……如此这般,一直写到整商是1为止。在以上过程中,相除时是否有余数则不管。于是我们得到从上到下的一列数,29,6,7,3,1,如同下页表左列。

现在再处理17：如左下表右列，下一个数均为上一个数两倍，从上到下依次为17,34,68,136,272。接下去，把左列的偶数及右列同行的数划掉（如右边的表）；再把右列剩下的数都加起来；则所得结果493即为29×17。

29	*17
14	34
7	68
3	136
1	272

29	*17
~~14~~	~~34~~
7	68
3	136
1	272
	493

奥妙在哪儿呢？原来左列实际上做了把29化为二进制的工作。从下到上这列数的奇偶性是：

奇、奇、奇、偶、奇。

把"奇"用1，"偶"用0表示，即得11101。这就是29的二进制数形式。右边一列实则依次为：

$17, 17 \times 2^1, 17 \times 2^2, 17 \times 2^3, 17 \times 2^4$。

划去与左列的偶数同一行的数后，其和为

$$493 = 17 \times 2^4 + 17 \times 2^3 + 17 \times 2^2 + 17$$
$$= 17 \times (2^4 + 2^3 + 2^2 + 1)$$
$$= 17 \times 11101_{(2)} = 17 \times 29$$

有一种称为"猜数"的游戏，它的有趣形式，很难使人想到它与上面的算法运用着同一个原理。

游戏的道具是五张长方形纸片，各张上写着以下数字：

第一张：1,3,5,7,9,11,13,15,17,19,21,23,25,27,29,31；

第二张：2,3,6,7,10,11,14,15,18,19,22,23,26,27,30,31；

第三张：4,5,6,7,12,13,14,15,20,21,22,23,28,29,30,31；

第四张：8,9,10,11,12,13,14,15,24,25,26,27,28,29,30,31；

第五张：16,17,18,19,20,21,22,23,24,25,26,27,28,29,30,31。

1		
3	5	7
9	11	13
15	17	19
21	23	25
27	29	31

（Ⅰ）

2		
3	6	7
10	11	14
15	18	19
22	23	26
27	30	31

（Ⅱ）

4		
5	6	7
12	13	14
15	20	21
22	23	28
29	30	31

（Ⅲ）

8		
9	10	11
12	13	14
15	24	25
26	27	28
29	30	31

（Ⅳ）

16		
17	18	19
20	21	22
23	24	25
26	27	28
29	30	31

（Ⅴ）

现在你可以开始你的游戏。请你的观众随意想好一个从1到31之间的数记在心里；然后你把你的五张纸片让他看，请他把五张纸片中有他想的数的那几张抽出来；那么，你把抽出来的纸片里写在最上方的数都加起来，它便是你的观众所猜的那个数！比如，观众心里想的数是21，那他抽出的纸片必定是（Ⅰ）、（Ⅲ）、（Ⅴ），这几张纸片的上端的数字分别为1、4、16，因而你观众所想的数是：

$$1+4+16=21$$

这似乎是神奇的，其实道理也很简单，认真观察一下就知道，纸片（Ⅰ）上所有的数用二进制写都是形如

$$\times\times\times\times 1_{(2)} \qquad 1$$

的数，而纸片（Ⅱ）、（Ⅲ）、（Ⅳ）、（Ⅴ）上的数则分别形如：

$$\times\times\times 1\times_{(2)} \qquad 2$$
$$\times\times 1\times\times_{(2)} \qquad 4$$
$$\times 1\times\times\times_{(2)} \qquad 8$$

$$1 \times \times \times \times_{(2)} \qquad 16$$

如果某一数字在(Ⅰ)、(Ⅲ)、(Ⅴ)中出现,而不在(Ⅱ)、(Ⅳ)中出现,那么此数必为 $10101_{(2)} = 16+0+4+0+1 = 21$。上面式子中的 16,4,1,我们已经用隐蔽的方式,写在相应纸片的上端,不必游戏者去临时换算。

张	王	李	赵
吕	郑	周	黄
陈	林	刘	魏
孙	许	叶	江
毛	吴	顾	扬
杜	胡	苏	潘
邱	程	谢	余
肖	邓	高	梁

"猜数"游戏可以改头换面,变成一种相当精彩的小魔术:"猜百姓"。在魔术中不见任何一个数字,更无需做什么加法,而是通过穿洞式直接显示的办法,找出所要猜的姓氏来。

魔术的道具是六张像扑克牌一样的长方形纸片,第一张纸片上写的是常见的 32 种姓氏;另外 5 张纸片设计如下,画有圆圈的地方是穿成洞的:

○	毛	○	李
○	顾	○	张
吕	○	余	○
周	○	梁	○
○	杜	○	程
○	苏	○	邓
魏	○	林	○
许	○	江	○

(1)

李	赵	○	○
周	黄	○	○
○	○	陈	林
○	○	孙	许
顾	杨	○	○
苏	潘	○	○
○	○	邱	程
○	○	肖	邓

(2)

肖	○	赵	○
○	周	○	王
杜	○	魏	○
○	叶	○	林
孙	○	杨	○
○	苏	○	吴
吕	○	余	○
○	高	○	程

(3)

(4)

(5)

魔术表演时,你可以请你的观众看一看各张纸片上有没有他自己的姓。如果有,则该张纸片正摆;如果没有,则第(1)、(2)、(3)片左右翻,第(4)、(5)片上下翻;然后6片对齐,把写有全部姓氏的纸片放在最下面。例如,观众的姓出现在第(1)、(2)、(3)、(5)几片中。则第(1)片正摆;第(2)片也正摆、第(3)片又正摆;第(4)片上下翻;第(5)片再正摆。五片对齐后只留下一个洞是全部穿过的,这个洞正对着姓氏表上的"周",这就是那位观众的姓。

这可是一个有趣的魔术,建议你照图样做一副道具,相信你将在同伴中引起不小的轰动哩!

玩扑克牌

两个人玩扑克游戏,各人手上都拿到两张牌。这是四张非常有趣的牌:A、K、Q、J齐备,♣、●、✂、♠俱全(A当14点)。已知:

(1)♣的点数比●少;

(2)✂的点数比另一个人手上拿的两张牌都大;

(3)♣的点数比同一个人手上另一张牌的点数大;

(4)◉与♠的点数和不小于♣与✂的点数和。

问这4张牌各是什么？

很显然，题中所有的关系可用4×4表格体现出来。

由(1)→ $\begin{cases} [1,1]="0" \\ [2,4]="0" \end{cases}$

由(2)→ $\begin{cases} [3,3]="0" \\ [3,4]="0" \end{cases}$

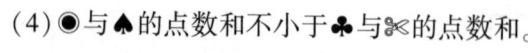

由(3)→ [1,4]="0"

由 $\begin{cases} [1,4]="0" \\ [2,4]="0" \\ [3,4]="0" \end{cases}$ →[4,4]="+"，(♠J)

由 (4)及♠J→[2,1]="+"，(◉A)

根据"+"号所在行列补"0"的原则，接下去很容易推得[1,3]="+"，(♣Q)；[3,2]="+"，(✂K)。从而两人所拿到的牌分别为：◉A，✂K 和 ♣Q，♠J。

有一类逻辑推理难题，题中构成判断的句子同时含有真与假两种成份，如同下例：

四名学生预测他们的考试成绩。

D 说："看来我得第一，A 得第二。"

C 说："不见得吧！我想你只能得第二，我得第三。"

B 说："我看我稳得第二，C 最后。"

A 说："那等着瞧吧！"

名次 学生	1	2	3	4
A		D_2		
B		B_1		
C			C_2	B_2
D	D_1	C_1		

考试结果 B、C、D 三人各自都只说对了一半,问四人的实际名次如何?

我想,无需多加说明,读者一定能洞悉下表中符号的含意。

推理工作可以从文字最少的行列开始,如左表的第四列。假令 B_2〔3,4〕= "+",从而推知 B_1 = "0",C_2 = "0";又从 C_2 = "0" 推得 C_1 = "+";再从 C_1 = "+" 推出 D_2 = "0";从而 D_1 = "+"。这样在第四行竟然出现了两个"+"。这是不允许的! 因而 $B_2 \neq$ "+",即 B_1 = "+"。以下的推理是:

$$B_1 = "+" \rightarrow \begin{cases} C_1 = "0" \\ D_2 = "0" \end{cases} \rightarrow \begin{cases} C_2 = "+" \\ D_1 = "+" \end{cases}$$

$$\rightarrow A〔1,4〕= "+"$$

即知四人的名次依序为 D、B、C、A。

十五子棋

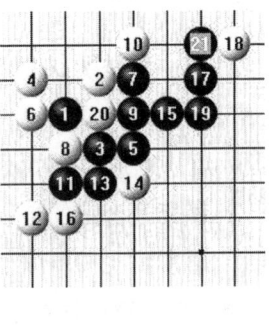

有一种与魔方亲缘甚密的图形还原游戏,叫"十五子棋":在有 16 个方格的盒子里,装着 15 块标有从 1 到 15 的数字的小方块,并留有一个空格。开始时,小方块是按随意的顺序放进盒子里的。游戏的要求是:有效地利用空格,调动小方块,使盒子上方块的数字还原到下图的正常位置。现在的问题是:这样做可能吗?

这是一个相当简单的游戏,几乎人人一看就会明白。然而有时我们能够轻易取得成功,但有时无论我们作怎样的努力,却无法取得成功! 那么,奥妙究竟在哪里呢?

可能读者都已注意到,空格是能够移动到盒子的任何位置的。我们也很容易利用空格把方块⓵、⓶、⓷依次调动到各自正常的位置上去。不过,当这三个棋子安顿好之后,想不动方块③而把方块④也移到正常位置上,却似乎有些为难。然而,用下图的办法我们却能实际上做到这一点。这里需要动到的只是一块 2×3 方格的区域;而且很显然,只要有一块 2×3 的方格区域;就一定能够做到这一点!方块③虽然动了一下,但后来又恢复到原先的位置。

现在方块①、②、③、④已经在正常的位置上。接下去方块⑤、⑥、⑦、⑧也可以同样恢复到正常位置。再接下去我们还可以把方块⑨和⑬移到各自正常的位置上。此时我们仍有 2×3 方格的地盘,正如前面说过的那样,在这一区域,我们依然可以把方块⑩和⑭各自安放在正常的位置上。

至此,我们已经安顿好了 12 个方块,它们都已安在各自正常的位置上。剩下的位置是三个方块⑪、⑫、⑮和一个空格。我们还容易把⑪移到自己的位置,而把空格移至盒子的右下角。这时可能出现两种形式:

6	7	8
10	11	12
14	15	

(Ⅰ)

6	7	8
10	11	15
14	12	

(Ⅱ)

第一种是图(Ⅰ)的形式,此时所有的方块都已在正常的位置上,这表明我们已经取得了成功。第二种是图(Ⅱ)的形式。现在的问题是:图(Ⅱ)的形式还能不能通过移动变为图(Ⅰ)的形式呢?

答案是否定的!

事实上我们可以把所盒子里的方块看成一个数的顺列,而把空格当成数 16。这样,图(Ⅰ)的顺列为:

1,2,3,4,5,6,7,8,9,10,11,12,13,14,15,16。

而图(Ⅱ)的顺列则为:

1,2,3,4,5,6,7,8,9,10,11,15,13,14,12,16。

现在读者看到:图(Ⅱ)的顺列与图(Ⅰ)正常的顺列相比,其中有些数字的位置被打乱了,有些大的数跑到小的数的前面去,这种现象我们

称为"逆序"。逆序可以采用点数的办法算出来。例如图(Ⅱ)的顺列,前 11 个数都没有出现逆序,而后面的 5 个数为:

15,13,14,12,16。

其中 15 跑到 13、14、12 这三个较小数的前面,因而出现了三个逆序;而 13,14 跑到 12 的前面,这里又出现了两个逆序。此外再也没有其他逆序了。因此图(Ⅱ)的顺列共有 5 个逆序。

稍微认真分析一下,读者便会发现:在"十五子棋"中,方块和空格的移动,都不会引起原先顺列逆序的奇偶性的改变!由于图(Ⅰ)的顺列为偶逆序,而图(Ⅱ)的顺列为奇逆序,因而图(Ⅱ)的形式是不可能通过方块棋子的移动变为图(Ⅰ)形式的。这就是为什么"十五子棋"有时能够成功,而有时不能成功的道理!

右图是一道练习,请读者用逆序的理论判定一下,它是否能够移动成正常的位置?

一种游戏之所以使人感到兴趣,在于经一番奋斗之后,能突然间享受到一种成功的欢悦。如果一种游戏一开头便得知最终的结果,自然也就乏味多了。这大约既是数学的缺点,也是数学的伟大。

	1	2	3
4	5	6	7
8	9	10	11
12	13	14	15

石头、剪子、布

对策论是现代数学的一个重要分支,在军事、公安、经济和日常生活各个方面,都很有用处。由于对策论经常用智力游戏——打扑克、下棋等做模型,所以又叫博奕论。博就是赌博,奕就是下棋。其实,赌博如果去掉输赢财物的规定,就是智力游戏。

再举一个例子:有人要买外国一家公司的一条旧船。他知道这家公司有三条旧船,价格一样。双方商定先看一条船,如果他表示不要,再看

第二条船,如果又表示不要,再看第三条船。既然三条船价格一样,他当然要尽可能买最好的,但是哪一条是最好的呢?

公司呢?它知道这次只能卖掉一条船,为了多赚一些钱,当然希望把最坏的一条卖掉,那它应该按什么顺序介绍呢?

这两个对策论的问题含意是不同的,但是在数学上,它们是相同的问题。

一般的对策问题都是这样:双方各有一些可以采取的策略,一旦双方的策略都确定了,就会出现一定的结果,问题是双方怎样找到最好的策略?

孩子们很喜欢的"石头、剪子、布"划拳游戏,就可以作为对策论的一个例子:甲乙二人同时伸出手来,做出石头、剪子、布的样子。两个人如果手势相同,就算平局;如果不同,石头可以砸坏剪子,剪子可以把布剪破,布可以把石头裹起来,那就有了胜负。

在这个问题里,甲和乙各有三种可以采取的策略。结果如何?我们列出一个输赢表来:

		乙		
		石头	剪子	布
甲	石头	0	1	-1
	剪子	-1	0	1
	布	1	-1	0

这是甲的"得分"表。"0"表示平局,"-1"表示输,"1"表示赢。

我们把对策问题列成这样的表,就成了"表上游戏"。这种表是由若干行和若干列数字组成。甲可以指定其中的某一横行,乙可以指定其中的某一直行。规定他们同时说出他们指定的横行或直行。在这两行的交叉点上的数,就是甲得到的分数。例如在左边表格里:

-3	5	4	-1	-5
-2	6	-3	0	2
-1	1	2	1	0
-3	-5	4	-1	3

如果甲指定第二横行,乙指定第三直行,甲就得到-3分,也就是说输3分。

到此为止,我们为对策问题找到了一个数学模型。在代数课上,我们常常要为一个应用题列出方程式来。这个方程式就是应用问题的数学模型。有了数学模型,我们就可以暂时丢开原来的应用问题,全力去解决这个数学模型中的问题了。

所以现在,我们就暂时丢开什么"熊"呀,船呀,手势呀,全力以赴去研究这样的一个问题。在表上游戏中,怎样找出最好的策略。

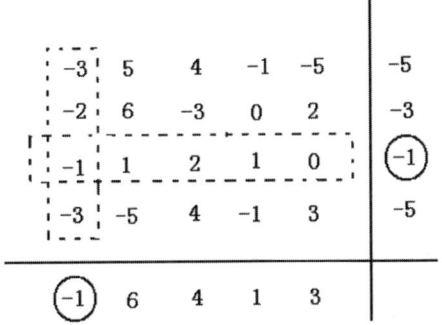

现在我们在每一横行的后面和每一直行的下面,又写上了一个数。每个横行后面写的数,是这一行中最小的那个数。每个直行下面写的数,是这一行中最大的那个数。

从甲的立场来看,不管乙采用什么对策,他如果指定第一横行,那最不利的结果是-5,就是说输5分。同样,他如果指定第二横行,最坏的结果是-3,就是说输3分。可见每一横行的最小数表示的是:如果甲指定了这一行,可能发生的最坏结果是什么。

甲应该选哪一横行呢?当然是第三横行了。因为这一行的最坏情况,他也不过输1分而已。甲一旦采取了这个策略,那就不怕乙猜中他的策略,因为他已估计到最坏的情况了。当然,如果乙选择了别的策略,甲还有可能不输,甚至赢到一些分数。

从乙的立场来看,不管甲采取什么对策,如果他指定第一直行,那最不利的结果是-1,即甲只输1分,乙只赢一分。如果他指定第二直行,那对他最不利的结果就是6,即甲赢6分,乙输6分。可见每一直行的最大数表示的是：如果乙指定了这一行，可能发生的最坏结果是什么。

那么乙应选择哪一直行呢？当然是第一直行，因为这一行最坏的结果，他还可赢一分。

如果甲乙双方都研究过对策论，那这个游戏就变得十分简单了：甲选取第三横行，乙选取第一直行；结果甲输1分，乙赢1分。

如果甲乙双方都研究过对策论，那这个游戏就变得十分简单了：甲选取第三横行，乙选取第一直行；结果甲输1分，乙赢1分。

在对对策问题中，双方必须斗智，谁也不能胡乱来！不然就会陷入很不利的处境。比如说，甲不满意输一分的结局，想碰碰运气，指定了第二直行，争取那个胜6分。结果呢？如果乙不犯错误，指定第一直行，结果甲只能输得更多。因此对甲来说，最聪明的办法就是把自己的策略公开告诉对方，对方也不会得到任何额外的收获。同样，乙的最好的策略，就是指定第一直行。即使甲知道了乙的这个策略，对乙也无可奈何。

这样一来，这个游戏的结局就是确定无疑的了。

猜点数

这是一个饶有趣味的游戏。

拿来一副抽掉大小王（Joker）的扑克牌，洗好后请你的两名观众，各人随意抽去一张牌并藏好。然后你对剩下的牌，当众做一番令人眼花缭乱的"处理"，尔后一举猜出了那两名观众抽去牌的点数。我想观众一定会对你的神奇猜牌本领大感惊奇。其实道理也很简单！不过，要想彻底弄清其间的奥妙，还得先从"对偶"牌说起。

把A看成"1点"，K、Q、J分别看成"13、12、11点"，于是，所有的牌，按点数可归属为以下的一种：

A、2、3、4、5、6、7、8、9、10、J、Q、K。

这 13 种不同点数的牌,对于点数"7"成对称状态,与"7"等距离的两张牌,其点数和均为 14。我们称这样的一组牌互为"对偶"。扑克中共有七组对偶牌:

(A,K),(2,Q),(3,J),(4,10)(5,9),(6,8),(7,7)

现在回到原先的游戏上来。关键的一步是对手上的牌进行"处理":依次桌面上分牌,点数一律亮在外边。当你见到桌面有两张"对偶"牌时,马上用手上两张还没有分的牌,把对偶牌压掉,新分的牌点数依然亮在外头。如此这般,直至所有牌分光为止。上述的"处理"手法,刚学的人,开始可能会稍慢一些,但当眼和手配合熟练之后,分牌之快可以使人目不暇接!当人们惊叹于那运牌如飞的情景时,是不会去追问怎么分牌的,你的成功是可以预计到的!

游戏的最后一道程序是收牌,把桌面上点数成对的偶牌,整叠收起来,剩下的牌的对偶牌,一定在观众手中。只有一种例外,即桌面上的牌已全被收起,这表明两名观众手中的牌本身成对偶,因此你可以告诉他们,他们手上的牌点加起来等于 14。我想即使这样,你的成功也会引起轰动的!

上述游戏的原理,简单到不能再简单,只是观众暂时不知道而已!实际上所用的只是对称的手法。这种方法渊源古老,少说也有几千年!当人们第一次进行梯形面积计算时,所用的就是这种方法。200 年前德国 9 岁的小高斯,曾利用同样的方法,当场回答出了

1+2+3+4+……+97+98+99+100＝5050

他的老师为此惊叹不已!

三 国 棋

在我国民间,流传着一种精妙绝伦的玩具,叫"三国棋"。它也是一种在方形棋盘上移动的游戏。这一游戏与我国古代一个脍炙人口的故事

联系在一起。

在小说《三国演义》中有一个精采的片段,叫"智算华容"。说的是:七星坛诸葛祭风,三江口周瑜纵火,火烧连营,曹操数十万军马毁于一旦,只落得带领几骑护卫仓惶逃命!话说诸葛亮算定曹操必往华容道方向逃窜,便派下赵云、张飞,配合东吴大将黄盖、甘宁,沿途围追堵截。又立下军令状,命关云长扼守华容道,务将曹操擒拿到手。一切都准确地按诸葛亮的神算成为现实。最后,当曹操逃至华容道时,"义重如山"的关云长,却抵不住曹操的"情义经",终于把他放走了……

精妙的"三国棋"就是根据这段史实设计的,其构造如左下图:在5×4格的方盒里,放上了10个大小不等的方形木块,各方块上写有兵将的名字。其中,代表曹操的方块最大,为2×2格;两旁竖放的1×2格的方块,代表围追堵截的四将;中间横着的2×1格方块代表关云长;关云长下面是四个1×1方格的小兵;小兵下方是一个两单位长
的开口;此外,方格中还有两个空格。游戏要求:不离开方盒移动各种方块,最后使"曹操"得以从开口处"逃命"(即移动出去)。

这个游戏既有趣,又很难,至少需要114步才能使"曹操"逃脱。至于其间的数学原理也就不说了,说多了反而会像"十五子棋"那样,感到味同嚼蜡,兴味索然!

建议读者用纸板自制一副"三国棋"。说不定这个游戏可以伴你度过几个难忘的周末。

下图是这个游戏的解答提示,图中标出了关云长和曹操应走路线的示意。读者只有亲自实践一番,才能体会到这种图形提示的含义和作用。

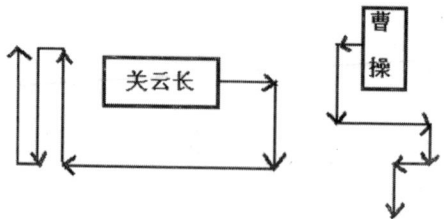

猜 生 年

1983年是"猪"年。当邮局开始出售一张印有一头大肥猪的邮票时，许多集邮迷赶去购买，生怕买不到这头猪。

为什么要把年与猪联系在一起了。

这是我国干支记年的通俗说法，在民间流传已久。它用十二种动物轮流标记年份，顺序是鼠、牛、虎、兔、龙、蛇、马、羊、猴、鸡、狗、猪。

1983年是猪年，1982年便是狗牛，1984年便是鼠。要是你是上一个猪年——1971年生的，到1983年这个猪年的生日那天，便是12周岁。

一个出生那年是猪年，他的"生肖"便是猪，也说他"属猪"。类似地，属牛、属狗等。生肖比年代形象好记。知道了一个人是属猪或者属狗，就容易推算出他的年龄。要是推算错了，一错就是12岁，很容易发现。

下面，讲一个猜生肖的游戏。把这12种动物画在一张纸上如下左图：

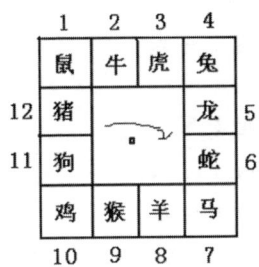 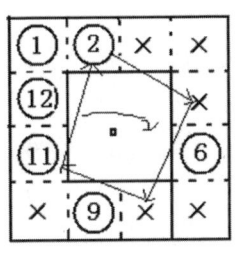

取一张同样大小的卡片，在上面挖6个洞如右上图：把卡片盖在十二生肖图上，能看见的6个是鼠、牛、蛇、猴、狗、猪，就是1、2、6、9、11、12。

请你的一位朋友来，只要问答4次，你便能准确地说出他的生肖来。具体玩法是：

把卡片盖在图上，问："现在看得见你的生肖吗？"你的朋友说："有"，

你便记个"0"在一张纸上；说"没有"，便记个"×"。当然，你记性好，不用纸笔，在心里记下，游戏的效果就更好了。

然后，把卡片顺时针方向转90°，再问一次。这时，洞里露出来的6个是兔、龙、猴、猪、牛、虎。因为这么一转，对应的号码都加了3，而加3后大于12的再减12，于是，1→4，2→5，6→9，9→12，11→12，12→15→3，洞里露出的便是兔、龙、猴、猪、牛、虎了。

再转90°，问一次；再转90°，问一次。根据4次回答，你马上可以定出他的生肖来。要是4次回答是"0×××"，那他就属鼠。

为什么呢？

你这样转动4次，反复试试，容易发现卡片洞设计得很好：

一，在4个角上的鼠、兔、马、鸡，都只出现一次；依次靠后的牛、龙、羊、狗，都要出现两次；再依次靠后的虎、蛇、猴、猪，都要出现三次。这就把十二生肖的出现等分成三类；而且每一类中的4个，出现的先后又正好不一样。要是4次回答中只有一个"0"，而且是第一次出现，那肯定就是鼠了。

二，回答只可能有12种，而且各自对应一个生肖，既不重复，也不遗漏。所以，你能根据回答的情况，准确给出答案。4次回答与十二生肖的关系，列个表就清楚了：

0 × × × 鼠（1）；　× 0 × × 兔（4）；
× × 0 × 马（7）；　× × × 0 鸡（10）；
0 0 × × 牛（2）；　× 0 0 × 龙（5）；
× × 0 0 羊（8）；　0 × × 0 狗（11）；
× 0 0 0 虎（3）；　0 × 0 0 蛇（6）；
0 0 × 0 猴（9）；　0 0 0 × 猪（12）。

把这个表简化一下，得到：

0	1	4	7	10
00	2	5	8	11
000	3	6	9	12

农村赶集有1、4、7,2、5、8,3、6、9的规定,再把10、11、12依次放在后面,就记住了这个表。

约瑟芬选婿

另一个智力游戏源于古罗马的一则故事。说的是:

古代有一位国王,他有一个漂亮的女儿,名叫约瑟芬。话说当时公主约瑟芬正值二八妙龄,且又才华出众,美艳绝伦,引得无数青年小伙子倾慕,求婚者更是络绎不绝。不过,这位美貌公主当时已悄悄地爱上了一位英俊的小伙子乔治。

俗话说:好事多磨。约瑟芬的父亲,是一位具有花岗岩般脑袋的君主。他虽然很爱自己的女儿,但却坚持要通过一种传统的仪式,以确定女儿应该嫁给什么人。

仪式是这样的:先由公主在自己认为合适的求婚者中选出十人,然后让十名求婚者围着公主站成一圈,接着由公主根据自己的意愿挑选任何一个人作为起点,并按顺时针方向逐个地数到17(公主的年龄),这第17个人必须退出求婚者的圈子,意即被淘汰。然后,又接下去从1起再数到17,这被数为第17的人又被淘汰,如此下去,直至只剩一个人为止,这人就应该是公主的丈夫。

怎样才能使得最后留下的是心爱的乔治呢?约瑟芬为此而苦苦思索着。她拿了10枚金币围成一圈,试了又试,终于悟出了道理,如愿以偿了!

亲爱的读者,你知道约瑟芬是怎样悟出了其间的道理吗?我想你一定已经猜到了!原来约瑟芬发现:无论从哪一枚金币开始数,只要是每次第17块金币拿掉,那么最后剩下来的一块,就总是最初开始数的第三块金币。于是,在仪式中她毅然选择了乔治的前两位作为起点,开始计数。

制胜之道

几乎是每次到大哥家去,人没坐好就会给侄子小海纠住不放:

"叔叔,抓乌龟。"

这种游戏他很拿手。54张扑克牌两个人轮流取,每人每次规定取1到5张,到最后1张的就算输。据小海说,最后1张牌就叫作"乌龟"。叫我纳闷的是,我是常败将军,我先取也是输,后取也是输;看他取几张我就跟着取几张,最后还是我抓回"乌龟"。

莫非这里面有什么规律?有一次我认真考虑起这个问题来了,并且悟出了其中的奥妙。我若要不取最后1张,一定要让对方在最后第二次取之前,桌上恰好有7张牌;这时候在1~5张的规定范围内不管他取几张,都有办法逼他取最后1张。例如,他若取1我就取5,他若取2我就取4……他若取5我就取1。而要促成对方面临最后是7张的局面,又必须在此之前让他取最后13张。依此上推就是7、13、19、25、31、37、43、49,这是以6为公差的等差级数。因此在游戏开始时必须争取先取权,我应该先取5张,留下49张给他取;以后我每次取的张数与他取的张数之和为6,就能制胜了。

下一次去大哥家的时候,小海照例又把扑克牌翻了出来:

"叔叔,抓乌龟。"

我不客气先抓回5张再说,结果当然是他输了。这次轮到他纳闷了,他建议重来一次,并且不问我愿意不愿意就先抓5张到手。我忙说:"小海,你想先取也可以,但是我们把规定改一下,每次只准取1到4张好吗?"他表示同意,不过又是他输了,因为我每次留给他取的牌数是6、11、16、21、26、31、36、41、46、51,这是公差为5的等差级数。论理,仍旧是谁先取谁就能控制整个局势发展,然而小海还只有10岁,过去记的是死办法,他不懂得这个级数规律,先取又有什么用呢?

不是魔术

小李回家探亲,我和另外两位老同学去看望他。好客的主人端出一盘橘子,招待老朋友。可是大家都很客气,谁也不想首先动手。于是,主人只好亲自把橘子送到各人面前,他在我的面前放了一个橘子,小王面前放了两个,小张面前是3个——这就有点奇怪了。

原来,小李想劝我们多吃一些,还想送我们每人一件礼物,他就搞了一个有趣的游戏。

他取出3支不同颜色的原子笔:黑的、绿的、灰的,然后当众宣布:"你们3位各取一支自己喜爱的颜色的笔,不要让我知道。不过嘛,有一个条件:你们除了把面前的橘子吃掉外,还必须再取一次橘子,所取数量是:拿黑色笔的应该再取面前橘子的一倍;拿绿色笔的应该再取面前橘子的两倍;拿灰色笔的应该再取面前橘子的4倍,这样我就能猜出各人拿的是什么颜色的笔。"说完,小李就进里屋张罗茶炊去了。

多新鲜的事哪! 一年不见,小李学会了变魔术! 我们各捡了一支笔,又遵照规定取了橘子,不用交待,藏在自己的口袋里。

不久,小李从里屋出来,"喏,"他装着魔术师的样子说:"看你们的眼色就知道你们各人取的是什么笔。"他一一指出了我们所取笔的颜色。

我们3人呢,面面相觑,莫名所以。橘子吃了,原子笔笑纳了,魔术看了,脑子糊涂了。

他是怎样断定各人所取的笔的颜色呢?

"首先应该注意到,橘子一共是24个,"小李解释说:"你们还记得数学上有一种叫穷举法的论证方法吧? 这是当否定对象不止一个时的反证法,在逻辑电路的设计和分析中经常用到这种方法,我就是根据这种方法下判断的。原有橘子一共24个,只要由盘里还剩下的橘子数目就确定各人所取笔的颜色了。"经他这么一说,我们基本上清楚了,这不是魔术,是数学!

为了方便起见,设3位客人叫作甲、乙、丙,设三种笔的颜色为a(黑色)、b(绿色)、c(灰色),3个人在3种笔中各取一支就有6种可能:

甲	a	a	b	b	c	c
乙	b	c	a	c	a	b
丙	c	b	c	a	b	a

要确定三个人是按哪一种方案取的笔,又与(1)橘子总数24个,(2)剩下的橘子数,(3)事先在甲、乙、丙面前放的橘子数有关。例如若是按甲—a,乙—c,丙—b方案取笔,而甲面前原放橘子数是1个,乙面前原放橘子数是2个,丙面前原放橘子数是3个,那末按照规定,所取橘子数应是:甲1+1=2,乙2+8=10,丙3+6=9,剩下橘子数为24-(2+10+9)=3;于是小李根据盘中剩下橘子数就能反过来确定甲、乙、丙三人各取的是什么颜色的笔了。

我们又可列一个表,发现六种方案下所剩橘子数是各不相同的:

甲乙丙	取 出 的 橘 子 数	共计	剩余橘子数
a b c	1+1=2; 2+4=6; 3+12=15	23	1
a c b	1+1=2; 2+8=10; 3+9=12	21	3
b a c	1+2=3; 2+2=4; 3+12=15	22	2
b c a	1+2=3; 2+8=10; 3+3=6	19	5
c a b	1+4=5; 2+2=4; 3+6=9	18	6
c b a	1+4=5; 2+4=6; 3+3=6	17	7

其实,小李不必记住这么麻烦的表格,他在里屋的时候,只要在手心上画一个简单表格就行了。当他从里屋出来,先看盘中剩余橘子数,再叫被猜的各就各位,对照一下手心的表格,就了如指掌了。

甲	乙	丙	剩橘
黑	绿	灰	1
黑	灰	绿	3
绿	黑	灰	2
绿	灰	黑	5
灰	黑	绿	6
灰	绿	黑	7

耳朵好还是眼睛好？

文体委员最近学到一个游戏，叫大家"娱乐娱乐"，他要我们从每个小组中选出一名"爱动脑筋的人"，大家经过酝酿和推荐，选出了四位同学。文体委员请他们竖排成一行。

委员手持六顶帽子，大家都看到，那是三顶红的，二顶蓝的，一顶黄的，当然，4个准备大动脑筋的人 q 也看到了。随后，委员请4人闭起眼睛，给他们每人戴了一顶帽子，余下两顶藏起来。然后他就发出睁眼的命令。于是出现了这样一种情景：4人都看不到自己头上所戴帽子的颜色，但后面的人能看到前面人戴的帽子，站在最前面的一人却一顶也看不见。

文体委员问最后一个人："你戴的帽子是什么颜色？"他想了想说："不知道。"文体委员又问前面一个人，他也回答说不知道，接着再问更前面一人，仍说不知道，可是，当问到最前面那位同学时，他却正确地说出了自己帽子的颜色。于是文体委员宣布：4个人都能得到爱动脑筋合格证。

假定自前而后4人分别叫作甲、乙、丙、丁。我们知道，他们每人的回答都有"知"与"不知"两种可能。以丁来说，只有当他看到前面3人的帽

色是二蓝一黄时,才能断定自己帽子为红色,回答"知道"。此时丙也能判断出自己帽色,因为当他听到丁说"知道"后,立刻就能根据甲乙两人的帽色来判断自己的帽色:如果甲、乙二人所戴为二蓝,那末他就是黄,如果甲乙两人是一蓝一黄,则他就是蓝。那末乙怎样判断呢?他面临两种可能:当他听到丁、丙都回答"知道"后,若看到甲为黄帽,则自己必是蓝帽,也能回答"知道",如果他看到甲为蓝帽,则自己帽色不定,就应回答"不知道"。再来看甲,现在他的条件非常优越,他可以毫不犹豫地报"知道",因为如果他听到乙报"知道",那么甲帽为黄色,如果听到乙报"不知道",则甲帽为蓝色。

我们再来分析另一种情况,就是丁说"不知道"这种情况。丁什么情况下不能确定自己的帽色呢?唯有当他看到前面3人中至少有1人是红帽的时候。丙听到丁"不知道"的回答后,就应立刻看一下前面2人中有无红帽,若前面2人中没有戴红帽的,那末他的帽子必是红色,丙应回答"知道",若前面二人中有戴红帽的,则自己的帽色就不定,丙应回答"不知道"。此时乙的情况略为复杂。(1)如果乙听到丁报的是"不知道"而丙报的是"知道":若甲帽为黄,则乙知自己帽色为蓝,乙回答"知道";若甲帽为蓝,则乙应回答"不知道"。(2)如果乙听到的是丁报"不知道"而丙也报"不知道"呢?此时仍有两情况:若甲帽非红,则乙帽必是红色,报"知道";若甲帽红色,则乙报"不知道"。甲会遇到四种情况:(1)丁"不知"、丙"知"、乙"知"时,甲帽为黄;(2)丁"不知"、丙"知"、乙"不知"时,甲帽为蓝;(3)丁"不知"、丙"不知"、乙"知"时,甲"不知";(4)丁"不知"、丙"不知"、乙"不知"时,甲帽为红。

我们的甲同学在游戏中遇到的是最后一种情况,他经过分析后回答自己帽子是红色的。从表面上看来,能够看到前面同学帽色的乙、丙、丁反而不知道自己戴的什么帽子,而甲看不到别人帽色,仅仅根据别人的回答就能知道自己的帽色,岂不说明耳朵的作用比眼睛还大?可是我们不妨反问一句:假如没有丁、丙、乙的眼观、耳听、嘴讲,甲的耳朵能起这么大的作用吗?

事后有人问我:"你认为这个游戏的意义在哪里?"我说:"它介绍了一种重要的论证方法。"

谜题中茅塞顿开

教师必备知识丛书

兔子繁殖

大约很少有人在欣赏一株枝叶茂盛、婀娜多姿的树木时,会关心到枝丫的分布。但生物家和数学家都注意到了这一点。由于新生的枝条,往往需要一段"休息"时间,供自身生长,而后才能萌发新枝。所以他们设想:一株树苗在一年以后长出一条新枝;第二年新枝休息,老枝依旧萌发;此后,老枝与休息过一年的枝同时萌发,当年生的新枝则次年休息。这个规律在生物学上称为"鲁德维格定律"。

根据鲁德维格定律,一株树木各个年份的枝丫数,依次为以下一列数:

(1),1,2,3,5,8,13,21,34,……

上面的数列渊源非常悠久。公元1202年,商人出身的意大利数学家斐波那契(Fibonacci,1170—1250年),完成了一部伟大的论著《算法之书》。这部中世纪的名著,把当时发达的阿拉伯和印度的数学方法,经过整理和发展之后介绍到欧洲。

在斐波那契的书中,曾提出以下有趣的问题:

假定一对刚出生的小兔一个月后就能长成大兔,再经过一个月便能生下一对小兔,并且此后每个月都生一对小兔。一年内没有发生死亡。问一对刚出生的兔子,一年内繁殖成多少对兔子?

逐年推算,我们可以得到前面提过的数列:

1,1,2,3,5,8,13,21,34,55,89,144,233。这个数列后来便以斐波那契的名字命名。数列中的每一项,则称为"斐波那契数"。第13位的斐波那契数,即为一对刚出生的小兔,一年内所能繁殖成的兔子的对数,这个数字为233。

从斐波那契数的构造明显看出:斐波那契数列从第三项起,每项都等于前面两项的和。假定第 n 项斐波那契数为 u_n，于是我们有：

$$\begin{cases} u_1 = u_2 = 1 \\ u_{n+1} = u_n + u_{n-1} \end{cases} \quad (n \geq 2)$$

通过以上的递推关系式，我们可以算出任何的 u_n，不过，当 n 很大时递推是很费事的，我们必须找到更为科学的计算方法！为此，我们先观察以下较为简单的例子。

在《大数的奥林匹克》一节，我们讲过一个关于"梵天预言"的故事。现在我们假定按"梵天不渝"的法则，完成 n 叶金片的搬动要进行 u_n 次动作。那么，要完成 $n+1$ 叶金片的搬动，可以通过以下的途径达到：先把左针上的 n 叶金片，通过 u_n 次动作搬到中间针；再把左针上的第 $n+1$ 叶金片搬到右针上去；最后再通过 u_n 次动作，把中间针上的 n 金片搬到右针上去。这样，实际上已将 $n+1$ 叶金片从左针搬到右针，从而上述的动作总数等于 u_{n+1}。这就是说，我们有：

$$\begin{cases} u_1 = 1 \\ u_{n+1} = 2u_n + 1 \end{cases} \quad (n \geq 1)$$

下面我们通过上述递推关系来直接推导 u_n。

注意到 $u_{n+1} + 1 = 2(u_n + 1)$

令 $v_n = u_n + 1$

则 $\begin{cases} v_1 = 2 \\ v_{n+1} = 2v_n \end{cases} \quad (n \geq 1)$

数列 $\{v_n\}$ 是一个首项为 2，公比也为 2 的等比数列。易知：

$$v_n = 2 \cdot 2^{n-1} = 2^n$$

从而 $u_n = v_n - 1 = 2^n - 1$

由此可知，梵天要求搬完 64 叶金片需要做的动作为 $(2^{64}-1)$ 次。如果完成每个动作需要一秒钟的话，则需大约 5800 亿年！这个数字大大超过了整个太阳系存在的时间，所以梵天的预言真可谓"不幸而言中"！不过，我们完全不必"杞人忧天"，整个人类的文明社会至今也不过几千年，人类还远没有到达需要考虑这个问题的时候！

现在我们回到斐波那契数列上来。受"梵天预言"例子的启发，我们试图从等比数列

$$1, q, q^2, q^3, \cdots, q^{n-1}, \cdots$$

中寻求满足递推关系 $u_{n+1} = u_n + u_{n-1}$ 的解答。

令 $q^n = q^{n-1} + q^{n-2}$ （$n \geq 2$）

因 $q \neq 0$，解得：

$$q_1 = \frac{1+\sqrt{5}}{2} \quad q_2 = \frac{1-\sqrt{5}}{2}$$

现令 $\begin{cases} u_n = \alpha q_1^{n-1} + \beta q_2^{n-1} \\ u_1 = u_2 = 1 \end{cases}$

立知 $\begin{cases} \alpha + \beta = 1 \\ \alpha\left(\dfrac{1+\sqrt{5}}{2}\right) + \beta\left(\dfrac{1-\sqrt{5}}{2}\right) = 1 \end{cases}$

解得 $\begin{cases} \alpha = \dfrac{1}{\sqrt{5}}\left(\dfrac{1+\sqrt{5}}{2}\right) \\ \beta = -\dfrac{1}{\sqrt{5}}\left(\dfrac{1-\sqrt{5}}{2}\right) \end{cases}$

从而 $u_n = \dfrac{1}{\sqrt{5}}\left[\left(\dfrac{1+\sqrt{5}}{2}\right)^n - \left(\dfrac{1-\sqrt{5}}{2}\right)^n\right]$

以上公式是法国数学家比内首先证明的，通称比内公式。令人惊奇的是，比内公式中的 u_n 是以无理数的幂表示的，然而它所得的结果完全是整数。不信，读者可以找几个 n 的值代进去试试看！

斐波那契数列有许多奇妙的性质，其中有一个性质是这样的：

$$u_n^2 - u_{n+1} \cdot u_{n-1} = (-1)^{n+1} \qquad\qquad (n>1)$$

其实，读者只需看看下式便会明白。

$$u_n^2 - u_{n+1} \cdot u_{n-1} = u_n^2 - (u_n + u_{n-1}) \cdot u_{n-1}$$
$$= -u_{n-1}^2 + u_n^2 - u_n \cdot u_{n-1}$$
$$= -[u_{n-1}^2 - u_n(u_n - u_{n-1})]$$
$$= -[u_{n-1}^2 - u_n \cdot u_{n-2}]$$

$$= \cdots\cdots$$
$$= (-1)^n (u_2^2 - u_3 \cdot u_1)$$
$$= (-1)^{n+1}$$

斐波那契数列上的上述性质,常被用来构造一些极为有趣的智力游戏。美国《科学美国人》杂志就曾刊载过一则故事:

一位魔术师拿着一块边长为13英尺的正方形地毯,对他的地毯匠朋友说:"请您把这块地毯分成4小块,再把它们缝成一块长21英尺,宽8英尺的长方形地毯。"这位匠师对魔术师算术之差,深感惊异。因为两者之间面积相差达一平方英尺哩!可是魔术师竟让匠师达到了他的目的!这真是不可思议!亲爱的读者,你猜猜那神奇的一平方英尺跑到那儿去呢?

需要告诉读者的是,类似的智力问题还可以构造出很多很多,这只要把上题中的长方形边长和正方形边长,换成连续的三个斐波那契数就行!道理就是前面提到过的那个式子。

有关斐波那契数列的趣题实在不少,有兴趣的读者不妨试试找找看!

墨比乌斯环

现在,我们通过一个有趣的问题,来介绍墨比乌斯环。

某个地区有三个村庄和三个学校,现在要从每一个村庄到三个学校各修一条路,能不能使这些路互不相交呢?

每个村庄要修三条路通向三个学校,所以总共得修 3×3=9 条路。左图画出了8条路,要修第 9 条路就不可能了。

你可以再试试,我断定你也会失败

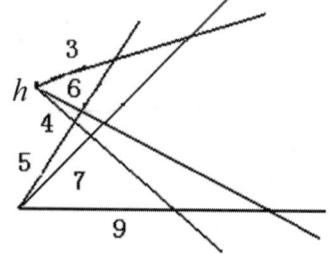

的。为什么呢?欧拉公式 $n-m+p=2$ 可以说明这一点。

假定你竟把这9条路都修好了,那么,每个村庄和每个学校,就相当于一个顶点(n),每一条路就相当于一段边界(m),道路之间的土地就相当于分成若干个国家(p)。因为有9条路、6个顶点,所以根据欧拉公式,$6-9+p=2$,得 $p=5$,就是说有5个国家。

从一个村庄出发,随便走一段路,就会到达一个学校;再走一段路,就会到达另一个村庄;再走一段路,又会到达另一个学校。总之,走三段路是不会回到原地的,也就是说,三段边界围不出一个国家。可见每个国家都至少有四段边界。

我们知道,每一段边界两侧各有一个国家,9条边界两侧共有18个国名。现在,每一个国家至少有4段边界,$18÷4=4.5$,而国家的数目不可能出现小数,所以国家至多是4个。

这里说国家至多是4个,前面根据欧拉公式算出来,国家必须有5个,不就矛盾了吗?这只能说明开始的假定是不合理的,也就是说,你不可能按题目提出的要求把路修好。

这种在地面上不可能完成的修路计划,在特殊的曲面上倒是可以完成。把 $n=6$、$m=9$、$p=4$ 代入欧拉公式

$6-9+4=3-h$,得 $h=2$。

这说明在连接数是2的曲面上,就可以修好这样的9条路。墨比乌斯环正是一种连接数是2的曲面。

什么是墨比乌斯环呢?

把一个长的纸条,扭转180°,把两端粘在一起,就成了一个墨比乌斯环。

你把墨比乌斯环沿中线剪开。不要以为这样一剪,环就分成了两个。它仍旧是一个纸环,当然大了一倍,仔细检查一下,它扭了360°。

剪了一圈,它没有分成两片,可见它的连接数至少是2。

如果用刚才的办法,再沿中线剪一圈,纸环分成互不相联的两个环,虽然它们互相套着。这说明墨比乌斯的连接数不是3,只可能是2。

现在我们就来看一看,怎样在连接数是2的墨比乌斯环上安排那9

条路。

用一个透明的纸来做一个墨比乌斯环。如果你用的纸不是透明的,那就要正反两面都画好,粘好之后,你就会得到一个修路的方案。

墨比乌斯环有许多有趣的性质。它没有正反两面,换句话说,你没有办法把它一面染成蓝的,一面染成红的。不信你就试试看。它没有上下两个边,换句话说,你没有办法把它的一个边染成红的,另一个边染成蓝的。不信你就试试看。

在墨比乌斯环上画地图,根据前面所说的原则染色,需要 5 种颜色。你不妨试试看。

还有一个有趣的问题,也是在平面上办不到,而在墨比乌斯环上可以办到。这个问题是:有个地区有 5 个村庄,在每两个村庄之间修一条公路,能不能使这些公路都不相交?

现在要上一个 8 级楼梯,规定每次只能上 1 阶楼梯或上 2 阶楼梯,问可能有多少种不同的跨法?

解决这个问题,先从最简单的情况入手,从中寻求规律。

假如楼梯只有 1 阶,那么只有 1 种跨法;

假如楼梯有 2 阶,那么有 2 种不同的跨法;

假如楼梯有 3 阶,那么有 3 种不同的跨法;

假如楼梯有 4 阶,那么有 5 种不同的跨法;

观察得到的几个数:

$$1,2,3,5$$

显然,它们是斐波那契数列的前几个数,后几个数应是:

$$1,2,3,5,8,13,21,34$$

因此,当上 8 阶楼梯时,应有 34 种不同的跨法。

四色问题

在有关地图的各种问题中,最使数学家感到困难和兴趣的,要数四色问题了。

四色问题是怎么回事呢?

找一张全国地图,你看河北省染成了粉红的颜色,河南省染成了米黄的颜色,……为什么要这样染颜色呢?当然不是因为河北省这块地方是粉红色的,或者河南省这块地方是米黄色的。

地图上染的颜色和地面上天然的颜色并没有什么关系。地图染颜色,只不过为了醒目,看起来清楚一些。要是把一张全国地图全染成粉红色,你要找出河北省和河南省的分界线就困难了。

当然,也不必把每一个省都染成不同的颜色。相距较远的省,即使染成了相同的颜色,也不影响我们看地图。我们只要掌握一条染色原则:相邻的省要染上不同的颜色。

那么,我们至少要准备几种颜色呢?

为了回答这个问题,我们先做一个试验。

拿一张没有染色的中国地图来。再准备一盒颜色铅笔。

我们从左上方开始吧。

你看,新疆、青海、甘肃三个省,它们两两相邻。根据前面说的原则,它们的颜色都不能相同。因此,你马上就得用到三支颜色铅笔。比如说,甘肃染红色,青海染黄色,新疆染绿色。

好。为了节约颜色,尽可能只用这三种颜色,你现在把这三支颜色铅笔留在桌上,把其他的笔收起来。看看只用这三支笔,能不能把全国各省,都按染色原则染上适当的颜色。

先看西藏。它一边挨着新疆,所以不能染绿色;它又挨着青海,所以不能染黄色；只剩下一支红铅笔可用了。我们只好把西藏染成红色。

四川呢？它和青海、西藏相邻，所以不能染成黄的或红的，只好染成绿的。

这样下去，陕西只好染成黄的，宁夏只好染成绿的。

好。山西应染成绿的，河南应染成红的。

湖北怎么办？

它的周围已经有河南、陕西、四川染了颜色，黄、红、绿都有，你只好再从铅笔盒中拿出一支别的铅笔，比如说蓝的来染湖北省了。

你也许会问，把河南、陕西、四川各省的颜色重新安排一下，能不能就不必拿出蓝铅笔来呢？这是不可能的。前面已经说过，那些已经染过颜色的省，它们染什么颜色并不是任意选择的，只要新疆、甘肃、青海三个省的颜色确定了，四川、陕西、宁夏、山西、河南等省的颜色就成了定局。

当然，甘肃、青海、新疆三省的颜色可以随便换。比如说，甘肃用黄的，青海用绿的，新疆用红的。那就会得到另一张颜色地图，这时，西藏也就改成了黄的，四川改成了红的，……结果呢？到了要染湖北的时候，你还是得用第四种颜色。

换个说法就更清楚了。如果只用三种颜色，那么不管甘肃、青海、新疆染成什么颜色，西藏必须染甘肃的颜色，四川必须染新疆的颜色，陕西必须染青海的颜色，宁夏必须染新疆的颜色……结果是到了染湖北的时候，就会发现甘肃的颜色、新疆的颜色、青海的颜色都不能用了。怎么办呢？只好用第四种颜色了。

要不破坏前面所说的染色原则，用三种颜色是不可能的。现在有了四种不同颜色的铅笔可用，我们就有了很大的活动余地了。

你不妨再多试几张地图，甚至可以随便画一个地图，不论它有多少个地区，你总可以用四种颜色把它染好。当然，有的地图碰巧用三种颜色就可以了；有的也许比较难，要经过多次试验才能成功。但是有一条是肯定的，古今中外的一切地图，都可以用四种颜色来染色，而不破坏染色原则。

在古今中外的地图中没有碰到过例外，并不是永远不可能碰到例外。谁也不能保证不会发生这样的事：有一天，突然有人画出一张地图，这个地图非用五种颜色来染色不可。

分配钥匙

重要的东西放在柜子里,往往要上锁。

要是两个人共同保管一柜子重要东西,为了慎重,就放上两把锁,两人各拿一把锁的钥匙。这样,只有两人同时在场,才能打开。

要是 3 个人共同保管,并且规定:只要两人在场,便可以打开柜子,而一个人是打不开的,应当怎么办呢?

容易想到:可以用 3 把锁,每人拿两把钥匙。甲、乙、丙三个人,A、B、C 3 把锁,甲拿 A、B 的,乙拿 A、C 的,丙拿 B、C 的。这样,谁来了也不能开 3 把锁,可是任意两个人来,就可以了。

更复杂一些,一个办公室有 4 个人,规定够 3 个人才能开那个文件柜,那么,至少要用几把锁?钥匙又应当怎样分配呢?

也许你会说,这还不简单,3 个人用 3 把锁,4 个人用 4 把锁好了。每人拿 3 把钥匙,不就可以了吗?

仔细一想,不行。4 人当中,谁也不能拿 3 把钥匙。要是甲拿了 3 把,而第 4 把在乙手里,岂不是甲、乙两人就把门开了嘛。

类似的道理,谁也不能只拿一把。

既然谁都不能拿一把或者 3 把,那就只剩下每人两把这一种可能了。每人两把行不行呢?

要是甲拿到 1、2 两把,那么,另外 3 人,谁也不能同时拿 3、4 两把;不然,两个人就把柜子打开了。所以,在乙、丙、丁 3 人中,一定有人同时拿到一把锁的两把钥匙。这样,另外 3 人就开不开柜子。因为他们手里,都没有那把钥匙。

5 把锁呢?可以证明,5 把也不行。想实现提出的要求,至少要 6 把

锁,钥匙的具体分配方案是:

甲:1、2、3;乙:3、4、5;丙:5、6、1;丁:2、4、6。

直线分割圆面

一个圆面,如果用一条直线来分割它,显然它被分成两部分;如果画两条直线,那么圆面最多被分成四部分。如果要问:在圆面上画十条直线,圆面最多被分成多少部分? 这时再用观察和实验的方法就十分困难了。用什么办法解决这个问题呢? 那就需要探索其中的规律。

先从最简单的情况实验起:

用 1 条直线分割圆面,圆面被分成两部分;

用 2 条直线分割圆面,圆面最多被分成 4 部分;

用 3 条直线分割圆面,圆面最多被分成 7 部分;

用 4 条直线分割圆面,圆面最多被分成 11 部分;

我们分析以上的几个结果:

$S_1 = 2 = 1+1$

$S_2 = 4 = 1+1+2$

$S_3 = 7 = 1+1+2+3$

$S_4 = 11 = 1+1+2+3+4$

发现圆面被分割成的部分是由两部分组成的:一部分是 1,另一部分是若干个从 1 开始的连续自然数的和,最后一个加数恰好等于所画直线的条数。

了解了这个规律,求直线分割圆面时,就可以应用这个规律,而不再去实验。

比如,用 5 条直线去分割圆面,那么圆面最多被分割成

$S_5 = 1+1+2+3+4+5$

= 16 个部分。

当用 10 条直线去分割圆面,那么圆面最多被分割成:

$S_{10} = 1+1+2+3+4+5+6+7+8+9+10$

　　　$= 56$ 个部分。

这就是开始提出的问题,已得到了解决。

解决这类问题有没有一个一般的公式呢?有!下面我们就来推出这个公式,以后再求这类问题时,只要代入公式就可以了。

如果用 n 条直线分割平面,那么平面最多被分成

$S_n = 1+1+2+3+4+5+\cdots+(n-2)+(n-1)+n$

　　$= 1+\dfrac{(n+1)n}{2}$

　　$= \dfrac{1}{2}(n^2+n+2)$ 个部分。

用这个公式,计算 20 条直线分割圆面,那么圆面最多被分成

$S_{20} = \dfrac{1}{2}(20^2+20+2)$

　　　$= 211$ 个部分。

上面推导一般公式的过程采用的是不完全归纳法,更严格地证明需要利用数学归纳法,这到高中才能学到。上面的问题可以归结为用数学归纳法证明以下的命题:

平面内有 n 条直线,其中任何两条都不平行,而且任何 3 条都不经过同一点,那么这 n 条直线将平面分成 $\dfrac{1}{2}(n^2+n+2)$ 个部分。

猜　　球

猜球大约是所有逻辑推理中最为简单的了。3 个袋子,每个袋子各

装两个球,分别是"白白""白红""红红"。袋子外面贴有球色的标签,但全部贴错。你只能从某个袋里取出一个球,便能判断各个袋里装的是什么球吗?

别看这道题只有几个球,可因素间的信息却相当丰富。为了弄清其间的关系,我们列出以下的双向表。为便于分析,我们模仿坐标的写法,用〔p、q〕表示表中第 p 行第 q 列的格子。格中用"+"号,表示相应的关系存在;格中用"0"号,表示相应关系不存在。阴影部分表示相应的关系,根据题意无需考虑。右表的对角线格子画阴影,是因为题中指明所有的标签都贴错。

实际\标签	白白	白红	红红
白白	▨		
白红		▨	
红红			▨

从对称关系读者猜想得到,必须从标有"白红"标签的袋子中去取球。假令取出的是白球,则可立即断定此时袋中实际装着两个白球。即〔2,1〕="+"。以下的推理是:

$$\left.\begin{array}{l}〔1,1〕="0"\\〔2,1〕="+"\end{array}\right\}\to〔3,1〕="0"$$

$$\left.\begin{array}{l}〔2,1〕="+"\\〔2,2〕="0"\end{array}\right\}\left.\begin{array}{l}〔2,3〕="0"\\〔3,3〕="0"\end{array}\right\}\to〔1,3〕="+"$$

$$\left.\begin{array}{l}〔1,3〕="+"\\〔1,1〕="0"\end{array}\right\}\left.\begin{array}{l}〔1,2〕="0"\\〔2,2〕="0"\end{array}\right\}\to〔3,2〕="+"$$

于是,我们得到了如下因素实际关系表。从左表中可以看出:标有"红红"标签的袋中,装的是"白红"的球;而标有"白白"的袋中,则实际装着"红红"的球。

实际\标签	白白	白红	红红
白白	▨	0	+
白红	+	▨	0
红红	0	+	▨

美的密码

0.618！这一再出现的神秘数字,终于引起人们的关注。数学家们开始探索这一神奇数字的真正含义！"庐山真面目"的揭开,还得从毕达哥拉斯的那句名言讲起：

假定 C 是线段 AB 的一个分点。为了使 C 满足毕达哥拉斯所讲的"部分与部分及部分与整体之间的协调一致",显然必须：

$$AB:AC=AC:CB$$

令 $AB=1, AC=x$,则

$$1:x=x:(1-x)$$

$$x^2+1x-1^2=0$$

解得 $x=\dfrac{\sqrt{5}-1}{2}$ ($x>0$)

$$\omega=\dfrac{x}{1}=\dfrac{\sqrt{5}-1}{2}\approx 0.618$$

瞧！"美的密码"终于露面了！

我们伟大祖国的五星红旗是多么庄严美丽啊！可是,你是否知道,那上面的正五角星中,包含着许许多多"美的密码"呢？

由于美的密码有许多极为宝贵的性质,所以人们称 0.618 为"黄金比值";而导致这一比值的分割,便称为"黄金分割"；C 点则称线段 AB 的"黄金分割点"。一个矩形,如果两边具有黄金比值,则称这样矩形为"黄金矩形"。

黄金矩形的性质也很奇特,它是由一个正方形和另一个小黄金矩形组成。事实上,如果设大黄金矩形的两边 $a:b=\omega$,分出一个正方形后,除余小矩形的两边分别为 $(b-a)$ 和 a,它们的比：

$$(b-a) : a = \frac{b}{2} - 1 = \frac{1}{\omega} - 1$$
$$= \frac{1}{\frac{\sqrt{5}-1}{2}} - 1 = \frac{\sqrt{5}-1}{2} = \omega$$

这表明小的矩形也是黄金矩形。

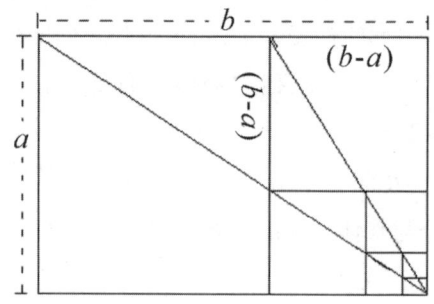

黄金矩形的上述性质,允许我们把一个黄金矩形分解为无限个正方形的和!上图表明了这种分解的过程。有趣的是,这个过程可以用下面的算式表示出来:

$$\omega = \frac{a}{b} = \frac{a}{a+(b-a)}$$
$$= \frac{1}{1+\frac{b-a}{a}} = \frac{1}{1+\frac{a}{b}}$$
$$= \frac{1}{1+\dfrac{1}{1+\dfrac{a}{b}}}$$
$$= \frac{1}{1+\dfrac{1}{1+\dfrac{1}{1+\dfrac{1}{1+\cdots}}}}$$

所得的是最为简单的连分数。

容易看出,上图大矩形中各正方形的角点形成两条直线。一条是大矩形的对角线,另一条是小矩形的对角线。这表明这一系列正方形,构成了无穷递缩等比数列!

"黄金比值"这一美的密码,一经被人掌握,立即成为服务于人类的法宝。艺术家们应用它,创作出更令人神驰的艺术珍品;设计师们利用它设计出巧夺天工的建筑;科学家们在科学的海洋尽情地欢奏0.618这一美的旋律!

今天,一位风姿绰约的女报幕员出台亮相时,她们并不站立在舞台的中央,而是让自己处在舞台的黄金分割点。因为这样的位置,可以给观众造成一个更加完美的形象!

最令人诧异的是:人体自身美,也遵循着0.618的规律! 人们测量了爱神维纳斯和女神雅典娜的雕像,发现她们下身与全身的比近乎为0.618。而据大量的调查资料表明:现今的女性,腰身以下的高度平均只占全身的0.58。因此不少女子,穿上高跟鞋,以求提高上述比值,增强美感。芭蕾舞演员则在婆娑起舞的时候,总是踮起脚尖,以图展现0.618这一美的旋律! 难怪今天文明的人类,对芭蕾舞艺术如此之动情和欣赏!

黄金比值,这一造福人类的数字,诚如17世纪德国天文学家开普勒所评价的那样:"是几何学的一大宝藏"!

狼羊渡河

学会在一张复杂的图上找出最好的一条路,往往可以帮我们解决许多问题。比如,一个人带了一只狼、一只羊和一筐白菜,要过一条河。可是船太小,一次只能带一样东西过河。如果他不在,狼要吃羊,羊要吃白菜。问他应该怎样摆渡?

这个问题,就可以转化成为在图上找出一条道路的问题。

为了简便起见,我们用R、L、Y和B表示人、狼、羊和白菜。R、L、Y、B最初都在河的这边,用RLYB表示。如果人把羊带到对岸,留在河这边的

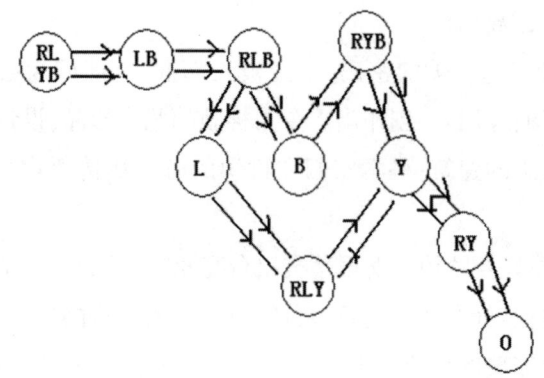

狼和白菜用 LB 表示,并且把 RLYB 画一个箭头指向 LB。O 表示河这岸什么也没有了。

从上图可以看出两种解决方案:

RLYB→LB→RLB→B→RYB→Y→RY→O;

RLYB→LB→RLB→L→RLY→Y→RY→O。

用话来说,前一个方案是:

1.把羊带到对岸(这岸剩下 LB);

2.人回到这边(这岸变成 RLB);

3.把狼带到对岸(这岸剩下 B);

4.把羊带回来(这岸变成 RYB);

5.把白菜带到对岸(这岸剩下 Y);

6.空人回到这岸(这岸变成 RY);

7.把羊带到对岸(这岸成为 O)。

一则广告

这天,智慧哥哥与聪聪出去玩,走在街上,一则广告吸引了聪聪:

```
        好 消 息
        空 瓶 换 酒
  为方便顾客,三个空啤酒瓶可换一
  瓶啤酒。
                        本店启
```

"嘿,真新鲜,空啤酒瓶可以换啤酒。"想到爱喝啤酒的爸爸,聪聪对商店的这条措施赞赏极了。

智慧哥哥也觉得这条广告挺有意思。他想了想后问聪聪:"如果有 10 个空瓶,能够换到几瓶酒呢?"

"能换 3 瓶酒。"聪聪不假思索,脱口而出,他觉得这个问题太简单了,3 个空瓶换 1 瓶酒,9 个空瓶换了 3 瓶酒,还剩下一个空瓶就是了。

智慧哥哥冲他摇摇头,说:"你好好想想。"

聪聪想了一会儿又说:"可以换 4 瓶酒。"

智慧哥哥让他说说理由,聪聪说:"有 10 个空瓶,先用 9 个换回 3 瓶酒,还剩下 1 个空瓶。酒喝完后再用 3 个空瓶去换一瓶酒,因此可以换到 4 瓶酒。"

智慧哥哥说,还可以多换,并提示聪聪说:"如果把换回的第四瓶酒也喝完了,还有几个空瓶呢?"

"还有两个空瓶。"聪聪回答。

"这两个空瓶能不能利用呢?"智慧哥哥问。

聪聪蓦地想到,有一次生病,想喝汽水,商店里卖汽水却一定要收瓶,否则不许带走。妈妈跟邻居借了一个空瓶买回汽水,喝完又把空瓶还给邻居家。这件往事启发了聪聪。

聪聪说:"再跟朋友借一个空瓶,这样就可以凑足 3 个空瓶,换回 1 瓶酒,酒喝完后再把空瓶还给人家。这样用 10 个空瓶就可以喝到 5 瓶酒了。"

智慧哥哥说:"其实,道理很简单,你看。"说着,写出两个式子:

3 个空瓶=1 瓶酒=1 个空瓶+1 瓶的酒,

2个空瓶=1瓶的酒。

"因此,10个空瓶的价值应该相当于不包括瓶的5瓶酒。"

"原来是这样,真有意思。"聪聪说。

同一天过生日的人

在研究组合问题时,我们有一些最基本的原理,其中最重要的是抽屉原理。抽屉原理也称为鸽洞或鸽笼原理,它非常简单,但是却很有用处。

鸽笼原理最简单的形式是这样的,如果要把 $n+1$ 只或更多的鸽子放进 n 个鸽笼子里,那么至少有一个鸽笼中有两只或两只以上鸽子。值得注意的是,把 $n+1$ 只鸽子放进 n 个笼子里的办法有许多,我们可以把 $n+1$ 只鸽子都放在一个笼子中,也可以每个笼子放一只,最后一个笼子放两只。因此,我们的兴趣不在于怎样放法,而是用来证明一些情况的存在性。例如,一个生日宴会上有400人参加,那么一定有不少人同一天过生日,因为一年有365或366天,但是究竟这400人都是一天过生日,还是没有一个当天过生日(假定过生日的主人不在400人之内),鸽洞原理并不能判断。这个看来用处不大的原理能解决不少问题。举例讲,一个边长为1的正方形内最多能找到几个点,使这些点之间的距离大于 $\frac{1}{2}$ 。碰到这类问题,虽然可以凑出来答案,但是要严格证明,却需要鸽洞原理。方法是把正三角形三边中点作一个小的正三角形,这样正三角形分成4个小三角形,这4个小三角形中点的关系有两方面:

(1)如果两个点在不同的小三角形中,则这两点的距离可能大于 $\frac{1}{2}$,当然也可能等于或小于 $\frac{1}{2}$。

（2）如果两个点在同一个小三角形中,则这两点的距离一定小于 $\frac{1}{2}$。

现在我们有 4 个小三角形,如果有 5 个点,那至少有一个小三角形中有两个点,它们之间距离小于 $\frac{1}{2}$。因此,我们在正三角形之内最多只能找到 4 个点它们彼此之间的距离大于 $\frac{1}{2}$。

同样在这个正三角形中,最多找到 9 个点,它们彼此之间距离大于 $\frac{1}{3}$,类似我们还可以解决更一般的问题。

都认识或都不认识

拉姆赛是位英国的天才科学家,他只活了 26 岁,却对数理逻辑和经济学做出不可磨灭的贡献。而作为研究逻辑的副产品,以他命名的拉姆赛理论已成为组合理论乃至数学的一个重要分支,在各个领域特别是计算机科学中有着重要应用。

拉姆赛的出发点非常奇特,看起来同数学没什么关系。任何一个集会,聚会或者宴会,参加者都是四面八方来的人,两人可能相互认识或相互不认识。拉姆赛的定理是讲,如果集会的总人数等于或超过 6 个人,那么其中至少有 3 人,这 3 个人互相都认识或者都不认识。但是如果人数少于 6 人,则这种情况不一定出现。

有数学训练的人与没有数学训练的人之间的不同在于前者能把这样一个说起来模糊的问题变成为一个非常清楚的数学问题。6 个人我们可以用 6 个点来代表,而每两人之间的关系只有两种可能。两人相互认识或相互不认识。如果两人认识,则连上一条蓝线。这样对任何情况,我们就得到一个 6 个点以及每两点之间的连线你如何选,那么这个图中一定存在一个三角形,它的三边都是同一颜色,或都是红色,或都是蓝色。

道理很简单,如右图,从 A 点出发有 5 条线,这 5 条线涂上两种颜色,无论怎样涂,至少有三条是一种颜色,其实这就是抽屉原理。假设 AB,AC,AD 三条边是红色,我们看 BC,CD,BD 这三条边,当然有这两种可能性:

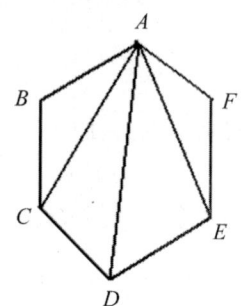

一种可能是 BC,CD,BD 中有一条红边,例如 BD 是红色,那么,ABD 就是全红三角形。

另一种可能是 BC,CD,BD 中没有一条红边,那它们都是蓝边,这样一来 BCD 就是全蓝三角形。

因此,不管怎么说,总有一个同一颜色的三角形。由于在我们的证明中只用到抽屉原理,所以后来由拉姆赛定理也称为广义抽屉原理。不过我们还得补充两点:如果只有 5 个点或更少,拉姆赛定理不一定成立。这只要找一个图,没有同色三角形。如

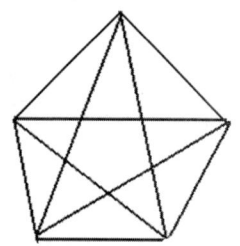

果右图中的五边形和它中间的五角星是两个颜色,那这图中就没有全色三角形。如果多于 6 个点,当然拉姆赛定理一样成立。6 就是存在同色三角形的最小数目,称为拉姆赛数,记作 $r(3,3)=6$。

拉姆赛定理只不过是拉姆赛理论的出发点,它已经有了许多推广,但求拉姆赛数是一个极为困难的问题。现在只知道 $r(4,4)=18$,也就是只有 18 人或 18 人以上的集会中才一定有 4 个人互相认识或互相不认识。更大的拉姆赛数尚不知道。

智辨帽色

爸爸要考一考他的 4 个儿子。他拿出 6 顶帽子,告诉儿子们,其中三

顶是红的,两顶是蓝的,一顶是黄的。然后,将4个儿子按大小顺序——大儿子在前,小儿大后,排成一列。

接着他将其中4顶帽子(不让本人看见颜色)分别给4个儿子戴上,藏起其余的两顶。他开始问小儿子:"根据前面三顶帽子的颜色,你知道你戴的帽子是什么颜色吗?"小儿子想了一想,回答:"不知道。"再问三儿子:"根据前面两顶帽子的颜色和你弟弟的回答,你知道你戴的帽子是什么颜色吗?"三儿子也回答:"不知道。"同样问二儿子,回答仍是不知道。最后问大儿子。大儿子思索了一阵以后,说出了自己戴的帽子的颜色。爸爸肯定了这个答案。

你说,这个答案是什么?大儿子是怎样判断的?

大儿子戴的是红帽。分析如下:

小儿子前面三个哥哥所戴帽子的颜色有下列6种可能:

红红红 红红蓝 红红黄 红蓝蓝 红蓝黄 蓝蓝黄

小儿子回答说不知道,说明他前面的三顶帽子不可能是"蓝蓝黄"。不然的话,他应立即判断出自己戴的帽子是红的。

三儿子前面两个哥哥所戴帽子的颜色有下列5种可能:

红红 红蓝 红黄 蓝蓝 蓝黄

三儿子听了弟弟回答后,再说不知道,说明他前面两个哥哥所戴帽子不可能是蓝蓝与蓝黄。不然,他应立即判断自己戴的帽子是红的。

二儿子前面的大哥哥所戴的帽子颜色有三种可能:

红 蓝 黄

二儿子听了两个弟弟回答后,仍说不知道,说明前面的大哥哥所戴的帽子不可能是蓝的或黄的。不然,他应立即判断自己戴的帽子是红的。

大儿子听了三个弟弟都说不知道,于是判断自己戴的帽子不可能是蓝的或黄的,只能是红的。

一眼看不出的题目

"快来,快来!"张业在老远的地方就向我招手。

我走了过去,他打手中的《计算机》杂志,指着角落上一个地方说:"你看,有多荒唐!"

我伸头一看,也感到很诧异,那上面写着:

```
      T H R E E
      T H R E E
  +)    F O U R
  ─────────────
    E L E V E N
```

按英文译意是:3+3+4=11。这是哪一国的算术呢?

"哦,不急,"我把下面的英文概述读了一遍,"张业,你没有继续看下文,这是一个字谜,它给的条件是:(1)式中的每一个字母都表示0、2、3、4、5、6、7、8、9中的某一个数字,不同的字母表示不同的数字;(2)T≠0,F≠0,并且已知E=1,U=9,要求读者说出当式中各字母分别代表什么数字的时候,才能使这个等式成立。"

于是我们席地而坐,拣了一根树枝在小道旁的泥地上画了起来。我们先把已知数E=1,U=9代入原式:

```
      T H R 1 1
      T H R 1 1
  +)    F O 9 R
  ─────────────
    1 L 1 V 1 N
```

由算式看出,个位数之和向十位数无进位,十位数之和向百位数进位为1,并由个位数知:R≠1(因已有E=1),R≠7(否则会N=9,但已知U=9),R≠8(否则就有进位),R≠9(因U=9),所以R只能在0,2,3,4,5,6

中取值。

我们就以上5个数值逐个地进行分析,淘汰不合理的,从而得到正确答案。

当R=0时,N=2,此时百位向千位无进位(因O<9),千位向万位的进位数只可能是1或2(因此处进位数<3是显然的,但进位不会是零,否则将要求H=0和F=1,不合理),所以,在R=0的前提下,又分两种情况讨论:

(1)若千位向万位的进位数为1,2H+F=11,已知H≠0,H≠1(因R=0,E=1),又知H≠2(因N=2),H≠5(否则将有F=1,不合理),还有R≠6,7,8,9,故H=3或4,并得H=3时F=5;H=4时F=3。

再由2T+1=10+L,即2T=9+L,L必为奇数,只能L=3,5,7,则得三组情况:

$$\begin{cases} L=3 \\ T=6 \end{cases}; \begin{cases} L=5 \\ T=7 \end{cases}; \begin{cases} L=7 \\ T=8 \end{cases};$$

下面就H、F组与L、T组的可能匹配进行分析。

(A)当 $\begin{cases} H=3 \\ F=5 \end{cases}$ 时,只能匹配 $\begin{cases} L=7 \\ T=8 \end{cases}$,此时有

```
    8 3 0 1 1
    8 3 0 1 1
+)    5 0 9 0
─────────────
  1 7 1 V 1 2
```

现在尚有两个字母(O、V)未知,尚有两个数字(4,6)未用,但又要求O+1=V,故本组无解。

(B)当 $\begin{cases} H=4 \\ F=3 \end{cases}$ 时,可以匹配 $\begin{cases} L=5 \\ T=7 \end{cases}$ 或 $\begin{cases} L=7 \\ T=8 \end{cases}$,

若 $\begin{cases} H=4 \\ F=3 \end{cases}$ 匹配 $\begin{cases} L=5 \\ T=7 \end{cases}$

```
    7 4 0 1 1
    7 4 0 1 1
+)    3 0 9 0
─────────────
  1 5 1 V 1 2
```

未用数字为 6,8,要求 O+1=V,无解。

若 $\begin{cases} H=4 \\ F=3 \end{cases}$ 匹配 $\begin{cases} L=7 \\ T=8 \end{cases}$

```
    8 4 0 1 1
    8 4 0 1 1
+)    3 0 9 0
─────────────
  1 7 1 V 1 2
```

未用数字为 5,6,要求 O+1=V,故 O=5,V=6,于是原式为

```
    8 4 0 1 1
    8 4 0 1 1
+)    3 5 9 0
─────────────
  1 7 1 6 1 2
```

(2)若千位向万位的进位数为 2,

同理可得,T=7,L=6,H=8,F=5,

O=3,V=4 也是其解。

然后按照类似方法,再对 R 不同取值时进分析,最后本题能得到四解:

84011+84011+3590=171612;

78011+78011+5390=161412;

46511+46511+8295=101317;

74611+74611+2096=151318。

红铅笔与黑铅笔

一天,周老师给同学们做一个数学游戏:

他先拿出三只铅笔盒子,在一只盒子里放进两支红铅笔,在另一只放进一支红铅笔和一支黑铅笔,在第三只放进两支黑铅笔,并且在每一只盒子的外面都贴上一张小纸片。装两支红的,就在纸片上写"红、红",装一支红、一支黑的就写"红、黑",装两支黑的,就写"黑、黑"。接着,周老师转过身去,不让同学们看见,把三只盒子里的铅笔相互作了调整。然后他又转回身来,把三只关上盖子的铅笔盒子放在大家面前,说道:"现在三只铅笔盒子里每只仍然装有两支铅笔,但是没有一只是与纸片上的说明相符合的。你们能不能选定其中的一只,蒙住眼睛从中摸出一支铅笔,看一下它的颜色,从而确定每一只铅笔盒子里装的两支铅笔分别是什么颜色?"

根据周老师的要求,你能确定三只铅笔盒子里分别装的是哪两种铅笔吗?

可以从贴有"红、黑"纸片的铅笔盒子里,任意摸出一支铅笔来看一下,再按照下述思路进行分析。

原来三只盒子里分别装有两支红,一红、一黑,两支黑共 6 支铅笔。将这六支铅笔(三红、三黑)分别装在三只盒子里,每只盒子装两支,那末,不论怎样装,只能要么每只盒子都是一红、一黑,要么就是三只盒子分别为两红,一红、一黑,两黑。既然周老师调整以后每只盒子仍然是各装两支铅笔,而且没有一只实际装的铅笔是与纸片的说明相符合的,那末就排斥了每只都是一红、一黑的可能性(因为原来有一只是一红、一黑的),只可能是三只盒子分别装有两红,一红、一黑,两黑这种情况。而且我们还可以断定,标有"红、黑"的铅笔盒子里,要么装的都是红铅笔,要么都

是黑铅笔。因此,如果从标有"红、黑"的盒子里拿出来的是一支红铅笔,我们马上就可以断定里面装的另一支也一定是红铅笔。这样,由于标有"黑、黑"的盒子里不可能装的是两支黑铅笔,根据刚才的分析又知道也不会是两支红铅笔,那么装的必定是一支红铅笔和一支黑铅笔。最后剩下来的标有"红、红"的盒子,装的当然是两支黑铅笔。

如果一开始从标有"红、黑"的铅笔盒子里拿出来的是一支黑铅笔,根据上面同样的思考方法,也不难确定每只盒子里实际放的是哪两支铅笔。

煎饼的时间

用一个平底锅煎饼,每次只能放两张饼。煎熟一张饼需要2分钟(正反面各需要1分钟)。问:煎3张饼至少需要几分钟?怎样煎?

又,如果需要煎 n 张饼,至少需要几分钟?

煎3张饼至少需要3分钟。因为,第一次煎两张饼,一分钟后两张饼都熟了一面。此时将第1张取出,第2张反个面,再放入第3张。又煎了1分钟,第二张煎好取出,第三张翻个面,再将第一张放入。再煎1分钟,全部煎熟。

煎 n 张饼,需要 n 分钟。因为,当 n 是偶数时,每煎两张需要2分钟;当 n 是奇数时,只要在煎最后3张饼时采用上述方法就可以了。

取苹果

7只箱子中分别放有1只、2只、4只、8只、16只、32只和64只苹果,现在要从这七只箱子中取出87只苹果,但每只箱子中的苹果都不能只取出一部分。你能迅速地取出来吗？

先将这七只箱子编好号码：

号 码	7	6	5	4	3	2	1
只 数	64	32	16	8	4	2	1

因为87只超过64只,所以先取7号箱,尚少23只；由于23只少于6号箱,多于5号箱,所以要取5号箱,尚少7只；按同样的方法,继续取出3号箱、2号箱和1号箱里的苹果。这样,总共取1、2、3、5、7五个箱子,就得到所需的87只苹果。

这种取法实际上是二进数制的一种应用。如果我们将87除以2,再将所得的商连续地除以2,凡余数1就记作1,余数0就记作0,可得：依次把余数横列成1010111,这就是十进数87的二进数制表示(这个方法叫作除2取余法)。再将箱子的号码同它对应：

1 0 1 0 1 1 1
7 6 5 4 3 2 1

比较可知,凡是记1所对的编号(1、2、3、5、7)就是应取的号码。这是因为64、32、16、8、4、2、1分别表示成二进制数就是1000000、100000、10000、1000、100、10、1,取(1、2、3、5、7)就相当于取1000000+10000+100+10+1=1010111,也即十进数制87。

你还可以用上述方法取47只,59只……苹果,这对于我们熟悉二进制数很有益处。

骑马比慢

传说从前有一个老翁,他要测验两个儿子的智力。有一天,他牵来两匹好马,对两个儿子说：你们每人骑一匹马出去,回来的时候,看谁的马后

到家。兄弟俩便骑着马出去了,一直蹓到太阳落山,谁也不肯先回家。最后,两个人都停在离家不太远的地方,下了马等对方先走。一个牧童看他们站着不动,觉得很奇怪,问他们干吗不回家。兄弟俩便把老翁的吩咐告诉了牧童。牧童听了,跟兄弟俩说了一句。兄弟俩立刻跳上马,使劲鞭打马,飞快地往家里跑去。请你想一想,这个聪明的牧童给兄弟俩出的是什么主意?

老翁要看谁的"马"后到家。聪明的牧童叫兄弟俩互相换了马,哥哥骑弟弟的马,弟弟骑哥哥的马。两个人使劲鞭打马,好使对方的马先跑到家,自己的马后跑到家。

欲穷千里目

"白日依山尽,黄河入海流。欲穷千里目,更上一层楼。"唐代诗人王之涣的这首《登鹳雀楼》,成了人们千古传诵的佳句。杜甫有一首登泰山的名诗《望岳》,最后一句是:"会当凌绝顶,一览众山小",现在常用来说明站得高就可望得远的道理。

那么,"欲穷千里目",究竟要站到多高呢?让我们来算一算。我们画一个圆来代表地球,设地球的半径为 R,地心是 O,人站在 D 点,高度为 H,人眼从 A 点看出去,看得最远的地方是 B 点,也即是视线和地表面相切的地方。B 点与人的距离就是圆弧 BD。由于人的高度和地球半径相比,简直是微不足道,所以,我们可以把视线 AB 看作和圆弧 BD 一样长。由于 AB 是圆 O 的切线,所以三角形 AOB 是直角三角形。根据勾股定理:

$$AO^2 = BO^2 + AB^2 \quad AB^2 = AO^2 - BO^2$$
$$AB^2 = (OD+AD)^2 - BO^2 \text{ 设 } AB \text{ 为 } S$$

则 $\quad S^2 = (R+H)^2 - R^2 = H^2 + 2RH$

$\quad S = \sqrt{H^2 + 2RH}$ ……①

$$H = AO - DO = \sqrt{AB^2 + BO^2} - DO = \sqrt{S^2 + R^2} - R \cdots\cdots ②$$

其中 $R = 6371$ 千米。

这样，S 的变化，就取决于 H 了。

要看千里远，得登多高呢？代入公式(2)得：

$$H = \sqrt{6371^2 + 500^2} - 6371 = 19.59 \text{ 千米}$$

这表明，看 1000 里远，要登上大约 19590 米的"高楼"，这比我国的珠峰的两倍还高呢。可见，"欲穷千里目，更上一层楼"，只是诗人的夸张而已。

通常我们说的"站得高看得远"，即我们站在平地上，所能看到的水平距离。假设一般人的眼睛离地面的高度为 1.6 米，代入公式(1)得

$$S = \sqrt{0.0016^2 + 2 \times 6371 \times 0.0016} = 4.515(\text{千米})$$

说明站在平地上可以看到 9 里多远。

泰山顶的高度是海拔 1545 米，大约是 1.55 千米，代入公式(1)得

$$S = \sqrt{1.55^2 + 2 \times 6371 \times 1.55} = 140.5(\text{千米})$$

也就是说，我们上了十八盘，过了南天门，登上玉皇顶，就可以看到 280 里远的地方。这时，我们肉眼看到的，只能是茫茫的天际，渺小的群山了。即如杜甫《望岳》诗中描绘的那样："会当凌绝顶，一览众山小"。

十元钱哪里去了

有 A、B、C 三人一同去买科学实验材料。

到文具店一看，要买的实验材料定价是 300 元。于是，每人各拿出 100 元，交给了店员。店员拿着物品和钱走进店房里找经理结账，经理说："这个东西多少旧了一点，减价 50 元吧！"就把 50 元交给了店员。

不料这个店员耍了个花招,他把20元钱揣到自己的衣兜里,把剩下的30元交给买主,他说:"减价30元,你们每人分10元吧。"

A、B、C三人开始各拿出100元,现在返回来10元,实际上每人各拿出90元。

问题就在这里,3人合计拿出270元,对吧,店员装入兜里20元。加到一块是多少呢?加到一块一共290元,开始时拿出的是300元,那么那10元哪去了呢?

这个问题和流传很广的一个滑稽故事很类似。那个滑稽故事的大意是:

有一天买了一个水瓶是50元,过了一会儿又拿着瓶子回到商店。他说:"这个瓶子小了一点,想买个100元的!"

店员拿来一个大水瓶说:"好!这个瓶足能装两倍以上的水啊,价钱是100元。"

"那么,就要这个100元的吧!可是,方才我买瓶时已经给过50元了。"

"是的,确实是收到50元。"

"现在,我再把这个水瓶还给你,它的价钱还是50元,瓶子和钱两者合在一起,恰好是100元哪!那就给我100元钱的瓶子吧,谁也不欠谁的了!"

就这样,他第二次一元没花,就把价值百元的瓶子拿回去了。

以上所说的滑稽故事,就是一个分不清正确的计算和错误的计算的问题。

究竟是什么和什么有着啥样的关系若不能够清楚地加以鉴别,计算时就往往要上当的。

现在,回到前面说的问题上去。商店的经理得的是250元,店员得20元,3人各得10元,合起来正好是300元,和开始的300元完全相符,一元不少,至于上面说的270元和店员的20元是没有关系的,把它们加在一起,是没有意义的。

上述问题的混乱就是从这里发生的。

可见在计算问题时,千万不要把几个毫不相干的数字胡乱拼凑在一起,否则,就会发生类似本题的错误。

池塘里有多少条鱼

某鱼类学家想确定池塘里有多少条适于捕捞的鱼。为此,他撒下一张网(网眼大小事先已经选好)收网一数,捕得 30 条鱼。他把每条鱼做上记号再放回池塘。另一天,撒下同一张网,捕得 40 条鱼,其中有两条鱼是已经做上记号的。根据这两个数据,怎样近似地算出池塘中鱼的数量?

设池塘中适于捕捞的鱼的条数为 n。这时,做上记号的鱼数与全体鱼数的比等于 $30/n$。

第二次,捕获 40 条鱼,其中有两条鱼是做上记号的。有记号的鱼数与捞获的鱼数的比等于 $1/20$。

如果我们假设,有记号的鱼在池塘的所有的鱼中间是均匀分布的。那末上面两个比应该相等,即 $30/n=1/20$,由此,$n=600$。所以,池塘中适宜于用给定的网捕捞的鱼,近似地等于 600 条。

鉴别伪金币

造假钱的人古来就有,给社会造成不安和危害,那么现在请你暂时当一下刑事警察鉴别一下伪造的金币吧。

这里有 12 枚金币,已知其中有一枚是伪造的。但是那枚伪金币做得很巧妙,从表面上看分辨不出真假来的。再加上使用的金属的比重和金

子接近。只不过比真的金币稍微轻一点,用手掂掂分量是分不出来的。

要在这种条件下,只允许称 3 次,就要把 12 枚金币中的一枚假的找出来。能做到这样,就可算是一位有名的刑警或侦探了。

只允许称三次,就要从 12 枚金币里把一个假的给找出来,可真不是容易的事。

下面我们就来做做看,首先,把金币分做 2 份,天秤两头各放 6 枚金币,两组中较轻的一组(A)里,是有假金币的。

其次,把 A 组的 6 枚分做 2 份,放在天秤上,两组中较轻的组(P)里就含有假金币。

剩下的 3 枚当中,有一枚是假金币,但必须称一次就把它找出来怎么办呢?

3 个里面随便拿 2 枚放在天秤上,如果正好平衡时,剩下的 1 枚就是伪造的金币。若是不平衡时,轻的一方就是伪金币。

这样,只用 3 次就把伪金币找出来了。

此外,如把 12 枚金币三等分,或四等分,经过 3 次也能测得出来。

你自己做一做看吧!

谁高谁矮

200 个学生排成 10 行,20 列的长方形队伍,在每一列中选出最矮者(如这样的人有几个,则任选其中一人),然后在所选的 20 人中挑出最高者,再在每一行中选出最高者,又从所选的 10 人中挑出最矮者。试问在这两个被挑选出来的人中,谁高些?

解:设 A 为所选出的矮个子中的最高者,B 为高个子中的最矮者,而位于 A 所在列与 B 所在行交点处的人为 C,因为 A 是它所在列的最矮者,则不比 C 高;但 B 是它所在行的最高者,则 C 不比 B 高,从而 A 也不会比 B 高。

若所有的学生高度一样,则 A 与 B 等高。同样,也可以出现 A 确比 B 矮的情况。例如在下表中,除在表中已给出学生的高度外,若位于各空格处的学生高度都是 165,那么 B 将确实比 A 高。

这说明了,在上述挑选下,两种情况,即(A 与 B 等高,B 比 A 高)都可能发生。

移 子

桌子上顺次放着 3 只白子和 3 只黑子,只准移动 3 次,每次移动两子(两子的前后次序不能变动),将它们的排列次序变为黑白相间,应当怎样移动?

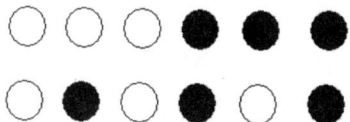

如果顺次放着的是 4 只白子和 4 只黑子,只准移动 4 次,每次仍移动两子(两子的前后次序不能变动),将它们变成黑白相间,又应当怎样移动?

子数 $N=3$ 的移法(图中"○"代有白子,"×"代表黑子):

　　○○○×××

　　○×××○○

　　○×× 　○×○

　　×○×○×○

$N=4$ 的移法:

　　○○○○××××

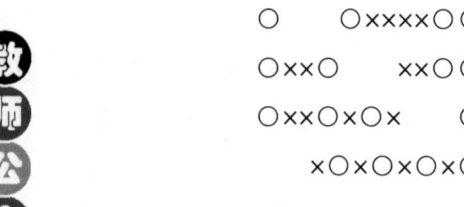

$N=5$ 的移法：

○○○○○×××××
○　　○○×××××○○
○××○○××　　×○○
○××○　　×○××○○
○××○×○×○×　　○
　×○×○×○×○

$N=6$ 的移法：

○○○○○○××××××
○　　○○○××××××○○
○××○○○×　　×××○○
○××　　○××○×××○○
○××○×○×○　　××○○
○××○×○×○×　　○
　×○×○×○×○×○

当 $N>6$ 时也可移成，其中 "3、4、5、6" 是典型移法，以后 "7、8、9、10" "11、12、13、14" ……四个一组，重复 "3、4、5、6" 的移法。

折　纸

给你一张正方形的纸。你能在这张正方形的纸上折出一个等边三角形吗？

先将正方形对折。再将迭住的边 CD 斜着向 AB 对折,使 C 迭在 AB 上(C′)。再沿 DC′ 折一次,三角形 ADC′ 就是等边三角形的一半。最后将纸摊开,就可得到一个等边三角形。

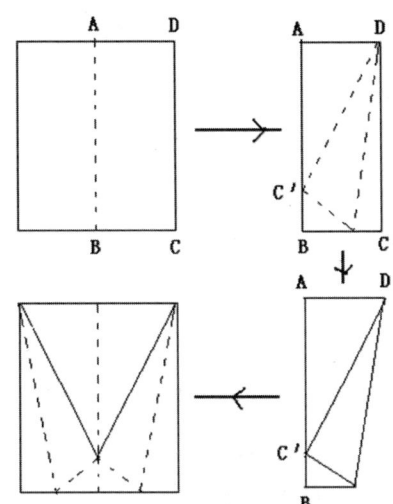

分割等腰梯形

一个底角 60°,上底和腰相等的等腰梯形。请你将它分割成大小相等、形状相同的四个图形。

解这类题目最好不要用硬凑的办法,可以通过分析,逐步地把答案找出来。

首先,我们可以一化为三,将这个梯形很容易地分成三个形状相同、大小相等的等边三角形。

其次，三化为四，把这三块的相邻部分都切出一块形状相同、大小相等的图形，并且使拼起来的图形同其他三块形状相同、大小相等。显然，这只要把每个等边三角形的两个边的中点连起来就行了。

卡片上的字母

分别写有 a、b、c、e 字母的卡片各 10 张。将这 40 张卡片的字母次序搞乱，请你任意抽去其中的一张。这时，我只要将余下的 39 张卡片迅速地看两遍，甚至只看一遍，就能猜出你抽去的一张卡片上写的是什么字母。

你知道我用的是什么方法吗？

一、看两遍的方法：

先迅速地数一遍 a、b 字母的卡片（也可以先数 c、e），如果是 20 张，说明 a、b 卡片齐全，抽去的是 c 或 e。

第二遍可以数 c（或 e）卡片，如果是 10 张，则说明 c 的卡片齐全，抽去的是 e；如果是九张，说明抽去的卡片是 c。

如果第一遍数 a、b 卡片时，结果是 19 张，说明抽去的是 a 或 b，那末第二遍可数 a（或 b）卡片。

二、看一遍的方法——又有两种：

(1) 把 a、b、c、e 分别记为 1、2、3、4。一边看一边做加法，累加起来，逢 10 舍去（因为 1+2+3+4=10）。加完最后一张时，如果结果是 9，则抽去的一张字母是 a（10−9=1）；是 8，则是 b（10−8=2）；是 7，则是 c（10−7=3）；是 6，则是 e（10−6=4）。

(2) 一边看一边按下面表格运算。算到最后一张卡片时，如果结果是 a，则抽去的一张卡片是 a；如果是 b，则抽去的是 b；如果是 c，则抽去的是 c；如果是 e，则抽去的是 e。

	a	b	c	e
a	e	c	b	a
b	c	e	a	b
b	c	e	a	b
c	b	a	e	c
e	a	b	c	e

左表即：

a·a=e　　　b·c=c·b=a

b·b=e　　　a·c=c·a=b

c·c=e　　　a·e=e·a=a

e·e=e　　　b·e=e·b=b

a·b=b·a=c　　c·e=e·c=c

为了迅速起见,实际运算时可记住：

1)相同字母相遇抵销,即看做没有一样；

2)是 e 的卡片可看做没有一样；

3)a、b、c 三字母中,任意两个相遇,算成第三个字母(即 a 与 b 相遇算成 c,a 与 c 相遇算成 b,b 与 c 相遇算成 a;由此还可推知 a·b·c=c·c=e)。

此法熟练以后,可以做到非常迅速。

伤脑筋问题开窍长智

教师必备知识丛书

"抢七十"

苏南一带的家庭里,流行着一种小游戏,叫作"抢30"。玩法是甲、乙2人轮流数数目,自一开始,每次至少数一个数目,至多数2个数目,以谁先数得30为胜。数目应信口喊出,不可慢慢思索,所以叫"抢30"。有次我在一本书上看到一个必胜的方法,便去向哥哥挑战。方法是每次让哥哥先说,他数一个数目,我便数2个数目,他数2个数目,我便数1个数目。果然,哥哥是屡战皆败。可是他却并不脸红,反而笑嘻嘻地说:"抢30太老了,我们来抢70吧!你要我先说,依旧是我先说好了。"我答应了他,哪知形势就此逆转,每次输的不再是他,反而是我了。后来我又要求更动规则,即每次至多数2个数目,改为每次至多数3个数目(改规则的动机因为我发觉每次都被他抢去67,于是我就输了),可是结果我还是一次都不赢。我想要战胜哥哥,只有请读者们来代想一个妙法了。

答案:抢30必胜关键,在于每一回合两人所数的数目加起来总是3个,而30又是3的倍数,自然总是后说的人必胜的了。

其实不单抢30,凡是抢一切3的倍数,都是这样。至于70,却是3的倍数多1,所以不可以再让对方先说,应该自己先说,第一次数一个数目,即嘴里喊"1",以后就如同抢69(3的倍数)一样的办法抢下去,只要照着抢30的方法,也能必胜。至于规则更改为每次至多3个数之后,就不可能再维持每一回合2人所数数目相加总是3个,只能维持总是4个,即他数一个数目,你便数3个数目;他数2个数目,你也数2个数目;他数3个数目,你便数1个数目;这样,后说的一个人保险能抢到的,不再是3的倍数,而是4的倍数。而70则是4的倍数多2,所以你也应该抢先说,第一次当然是数两个数即口喊"1、2",以后就如同抢68(4的倍数),你只留心使每一回合2人所数的数目加起来总是4个,他就没有办法赢你了。从今天起,假如给你选择先说后说的自由,那么,不管是抢多少,不管每次限数几个数目,你总可以永远取胜了。

巧换水杯

小聪对小明说:"你看这6只水杯,前面3只盛满了水,后面3只是空的。你能想一个办法,只移动一只杯子,就使盛满水的杯子和空杯子间隔起来吗?"

小明心想:如果准许两只杯子,把3个盛水的杯子中间的一只和3只空杯子中间的一只交换一下位置,就能使这6个杯子间隔起来了。可是,现在只许动一只杯子,真不好办。小明老老实实地对小聪说:"我不会移。"

"你再想想看。"小聪说。小明又想了一会儿,还是想不出来。

你能帮助他解决这个难题吗?

答案:只要把3只盛水的杯子中,中间的一只里的水,倒入3只空杯中间的一只里,然后把空杯放回原处就行了。

设 岗 哨

一个小城镇,有纵横四条马路。你看看,至少要在十字路口设几个岗哨,才能望见所有马路上的情况?

答案:至少设4个岗哨。(如下图所示)

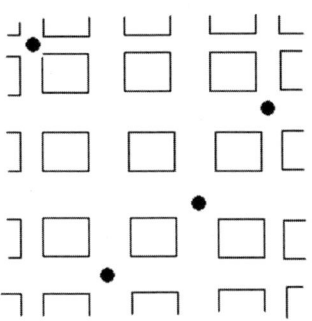

聪明的铁匠

铁匠王是李桥镇有名的聪明人。

镇上酒馆的掌柜一直想试一试他的本领。这天,铁匠王来酒馆喝酒。掌柜拿来两壶酒,放在柜台上:"请拿一壶吧!"铁匠王一看,柜台上摆着两把酒壶:一把酒壶是球形的,一个嘴,一个把,下面有3个小爪;另一把酒壶是方柱形的,一个嘴,一个把。铁匠王问:"这两壶酒价钱一样吗?"掌柜笑了笑说:"这两把壶一般大小,是用同样两块马口铁皮做成的,价钱当然一样啦!"铁匠王伸手就端起了那个球形的酒壶。酒馆掌柜暗暗称赞:果然名不虚传。这时,酒馆的酒客们问铁匠王:"为什么你挑这壶酒?"铁匠王"哈哈"一笑:"这壶酒装得多! 今天喝上便宜酒啦!"酒客们不信,后来拿这两把酒壶一试,果然不错! 球形酒壶的酒比方柱形的酒壶的酒多出两杯,在场的人感到奇怪,铁匠王说:"你们去问酒馆掌柜吧!"

答案:这是因为:在表面积相同的情况下,球形有着最大的体积。反过来说,在同体积的所有物体中球形的面积最小。

地主的"善心"

从前,有一个地主叫张善人。他的名字虽叫"善人",心可比蛇蝎还毒,长工们都叫他"笑面虎"。

快到年关了,笑面虎突然发了"善心"。他对长工张老实讲:"老弟,快过年了,知道你手头挺紧,我把我身边的钱分给你一半吧,你只要付给我1块钱的手续费就行了。"他又对长工王老五、李老四……分别讲了同样的话。10几个长工都分好之后,他手里还剩2块钱。

你知道笑面虎身边一共有多少钱?每个长工得到了多少钱吗?

答案:笑面虎身边一共只有2块钱。他分给长工钱之后还剩2块,这2块钱中有1块是他从最后一个长工手里收回的手续费,当他没有收回手续费时,他手中的钱也是1块,这1块钱就是他身边带的总钱数的一半。因此,长工们实际上是一分钱也没得到。

张飞下棋

传说三国时代诸葛亮因见张飞生性粗暴,遇事不爱动脑筋,放心不下,特意设计了一种棋让张飞来下,并通过下棋告诉他只有慎重思考才能百战百胜的道理。

这种棋的棋盘上是个五角星,在这五个角和五个交叉点上有10个摆棋子的位置。他要张飞口里念着"一二三",手指沿着棋盘的任何一条直线数3点,然后在第3点上摆1个棋子,数的时候第1点和第3点必须是空位子,也不许拐弯;直到10个位置上摆上了9个棋子,只剩一个空位子时,就算胜利结束。

张飞一看玩法这么简单,心中十分不耐烦,抓过棋子就下。他"一二三、一二三!"地连数带下,哪知一连下了三天三夜都没有摆成。最后还是诸葛亮把秘诀告诉他以后才摆成了。

请大家也摆摆看,诸葛亮的秘诀在哪里?

答案:诸葛亮的秘诀是:把上一次的第一步,当作这一次的第三步;这次的第一步,当作下一步的第三步……这样摆过9次以后,就摆成了。

国王有多少兵

从前有个国王,带兵去打仗。在出发前,想提高士兵们的作战勇气,来一次检阅。他命令士兵,每排排10人,任何一排不得缺少一个。所有士兵照每排10人排下去,排到最后一排只有9人。这个国王有些迷信,认为最后一排有一个空缺是不吉利的。于是又发布命令,改为每排9人,但排到最后一排,仍缺1人;又改成每排8人,最后一排,仍缺1人;再改7人一排、6人一排……直到2人一排,最后一排始终要缺1人。国王有些急了,认为这次出兵一定要打败仗,因此就不敢动兵。据说,国王的士兵最多不到3000人。但终竟是多少?还得请你算一算。

答案:因为每排排10人,最后一排要少1个人,可见国王的兵数要比10的倍数少1个(即是说,如果将兵数加1,就恰好是10的倍数)。同理,知道兵数比9、8、7…2的倍数都少一个,那国王的兵数一定是10、9、8、7…2的公倍数减1,可是10、9、8、7…2的公倍数不止一个,先求它们的最小公倍数,得2520,再减去1,得2519,这个数字没超过3000,符合文中所说的条件。所以国王的兵数只有2519人。

朝山进香

一天清晨,一位信徒怀着十分虔诚的心情到河南少室山朝山进香,山路是那样的崎岖、陡峭,从山下到山上只有独一无二的一条狭径。这位信徒走得非常吃力,走走停停,有时坐下来休息一下,吃点干粮再走。总之,他走路的速度是有快有慢,至于哪段路走得快一点,哪段路走得慢一点,他自己也根本记不清楚了。

他好不容易地走到少室山北麓五乳峰下的少林寺,太阳恰好下山了。这位信徒在寺里住了下来,斋戒沐浴,虔诚朝拜。

信徒在山上住了几天后,又循原路下山。也是从清早出发,在路上也时快时慢,走走停停。说也真巧,在太阳下山时回到了原来的出发地(即来、回所花的时间一样)。

你能否证明:在这段山路中必定有一个地点,是这位信徒恰好在来、回的过程中,在同一时刻,分别同时经过这一地点的。

你看了这道题,可能会感到很难,因为,乍然看来,什么数据都没有啊!

答案: 这道题目可以运用数学里的"虚拟法"来求得证明。

我们把这位信徒上山的那条运动轨迹想象为另一个人所走的路线。这样一来,一个人上山,另一个人下山,又只有一条路,因此他们必然在同一个时刻,相遇于山路上的某个特点。

这就是我们所要证明的结论。一个看来十分困难的、无从着手的证明题,在丰富的想象力的引导下,就此迎刃而解了。

大数学家维尔斯特拉斯曾经说过:"没有诗人的气质,是不能成为伟大的数学家的。"这句话,看来还真有点道理呢!

迷路的人

9个人在山中迷了路,他们所有的粮食只够吃5天。第二天,这9人又遇到另外一队迷路的人,大家便合在一起,再一算粮食,两队人合吃,只够吃3天。问这第二队迷路的人有多少?

答案: 第一队遇见第二队人时,第一队人已经吃掉了1天的粮食,所余的只够第一队自己吃4天;但第二队加入后,所余的粮食就只能够吃3天,可知第二队人在3天里所吃的粮食等于第一队9个人一天所吃的粮食,所以第二队一共是3人。

连三角形

10枚棋子如图放置,其中以3枚棋子为顶点的等边三角形共有13个。试问至少拿掉几枚棋子就一个三角形也连不成了?

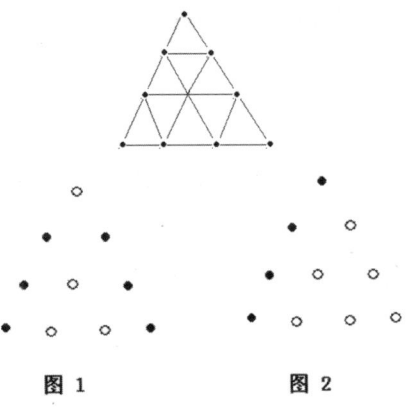

图1　　　图2

答案:有人会认为像图 1 那样只要拿掉 4 枚棋子就可以了。其实不然,这样虽然不能组成等边三角形,但还是可以组成一般三角形的。因为题目中说的是不能组成三角形,因此要像图 2 那样,至少要拿掉 6 枚棋子。

翻扑克

我不看扑克牌,请你取 3 张放在桌子上,正面或背面向上由你决定,但不能 3 张都是正面或背面向上。如果你按照我要求的翻法去做,不超过三次就能使 3 张牌都正面向上,或都背面向上。按我每次要求的翻法,你翻牌后都应如实告诉我是否已使 3 牌一致。你知道我是怎么要求你翻的吗?

答案:我是这样要求你翻牌的:先翻第一张,如果不成功,再翻第二张,如果又不成功,就再把第一张翻过来,就一定能使三牌一致了。三张牌除正、反面都向上以外还有 6 种情况。①正、正、反,翻过第一张后再翻第二张就成功了。②正、反、正,翻过第一张再翻第二张,最后再把第一张翻过来。③正、反、反,只要翻过第一张就成功了。④反、正、正,也是只翻第一张就成功了。⑤反、正、反,翻第一、二张后,再翻第一张。⑥反、反、正,翻第一张和第二张就成功了。

因此,无论如何最多 3 次就能翻成功。

与珠峰比高

被称作"世界屋脊"的喜马拉雅山的主峰——珠穆朗玛峰,海拔 8848

米,是世界上的第一高峰。但一张报纸却不服气,它说:"别看我薄,只有 1/100 厘米厚,但把我连续对折 30 次后,我的厚度就会远远超过珠穆朗玛峰的高度。"亲爱的青年朋友们,你认为这张报纸是不是在吹牛,不妨你算算看。

答案:一张报纸连续对折,它的层数按如下规律增加:1、2、4、8、16、32、64、128…。

对折 30 次层数为 20^{30}。如果按 100 层报纸厚为 1 厘米计算,这张报纸连续对折 30 次后的厚度大约是 107,374 米。它相当于 12 座珠穆朗玛峰的高度。

多少张

小刚在银行办事处门口,遇到了赵军和王莹两个,刚从里面取了款子出来,赵军知道小刚很聪明,就故意对他说:"小刚,我今天有个问题问问你,我刚才从银行里取了 100 元钱,其中 10 元的、5 元的、1 元的都有,共计 20 张,请问每种多少张?"王莹听了,忙说道:"我也有一个问题,一切和赵军一样,不过我比他多 1 元,请你算算看,每种多少张?"小刚听了,脑筋一转,很快说道:"我也有一个问题,一切和你们一样,不过我比赵军少 1 元,请你们算算看,每种多少张?"

每个问题里都有两个答案,请你动动脑筋算一算?

答案:赵军的钞票是:10 元的 4 张,5 元的 11 张,1 元的 5 张;或 10 元的 8 张,5 元的 2 张,1 元的 10 张。王莹的钞票是:10 元的 1 张,5 元的 18 张,1 元的 1 张;或 10 元的 5 张,5 元的 9 张,1 元的 6 张。小刚的钞票是:10 元的 7 张,5 元的 4 张,1 元的 9 张;或 10 元的 3 张,5 元的 13 张,1 元的 4 张。

撕书的人

有个缺少公德的人,发现图书馆里那本大英百科全书的第 21、42、84、85、151、159、160、180 页很有用,便把这几页偷偷地撕下带走了。你知道这本书一共被他撕去了多少张吗?

答案:这几页书,其中 84、85;159、160 等两组页码数字是相连的,且一是偶数在前,一是奇数在前,所以必有其中一对是一张纸的两面。故共撕去 7 张纸。

偷鸡贼的抱怨

有两个偷鸡贼在某处各偷了 1 只鸡,然后进入另一个村庄。在村中他们发现一只鸡笼内有鸡 5 只,但由于笼门小,每次只能让 1 只鸡进出,因此两人只得轮流偷鸡。当他们将笼中 5 只鸡全部偷走,正要出村时,忽然发现有人朝村里走来,于是两人急返回原地,将所偷的 5 只鸡轮流放回笼内。待此人走后,两人仍按上述方法将笼中的鸡偷走。在返回的路上,其中一人抱怨说:"我在这个村只偷到 1 只鸡。"

你能说明这究竟是怎么一回事?

答案:假定两个偷鸡贼为甲、乙。根据题意知道,两人在进村前已各自有 1 只鸡。进村后,甲先动手偷鸡,因为两人是你一只,我一只地轮流捉鸡,所以甲捉到 3 只鸡,而乙只捉到 2 只鸡。事后,他们发现有人进村,于是立即返回鸡笼处,将鸡放回笼内。由于乙先奔回笼边,第一只鸡就由乙先放入,接着两人轮流放鸡,在放到第五只鸡时,正巧又轮乙放,乙无奈只得将别处偷来的1只鸡也放了进去,而此时的甲,手中还剩下2只鸡。他俩装做出村模样,一先一后向村口走去,甲走得慢,落在乙的后面,相反离鸡笼近。当来人离村后,两贼急速奔回笼边。第二次偷鸡时,仍是甲先下手捉鸡,双方轮流捉鸡,这样,甲这一次又偷到了3只鸡,乙只偷到2只鸡,结果是甲一共偷到5只鸡,而乙除了原来从别处已偷到的1只鸡外,在这个村中,他只偷到1只鸡,难怪乙贼要抱怨连天哩!

登梯条件

有一天,哥哥在楼梯脚下,指着那共有10级的楼梯对我说:"让我测验一下你的智力吧!"

楼梯的本身是10级,楼梯下面是地板,楼梯上面是楼板(楼板实际等于那梯的第11级)。哥哥说:"现在,我要你从楼下地板起步走到楼上的房里去,但是,我限定你几个条件:

"(1)你必须在第二次走上楼板后方准进房;(2)我可以容许你在楼梯上随意地进或退,但每次进或退只许一级;而且你如果退回到地板上时,也只许退一次;(3)你所经过的楼梯每一级的次数均须相等;(4)你必须用最少的步数来完成这个行程。"

我起初觉得很容易,可是,试验了一下以后才知道并不简单。现在,你可知道我该怎样走法,才能符合我哥哥所提出的四个条件而达到目的?

答案:这个问题,看似容易,其实也颇"伤脑筋",解答如下:

(1)先自梯下地板上升梯第1级;退至地板;

(2)重上升:经第1级与第2级而至第3级;退至第2级;

(3)自第2级复上升:经第3级与第4级而至第5级;退至第4级;

(4)自第4级复上升:经第5级与第6级而至第7级;退至第6级;

(5)自第6级复上升:经第7级与第8级而至第9级;退至第8级;

(6)自第8级复上升:经第9级与第10级而至楼板;退至第10级;

(7)自第10级上升:即登楼——完全合于哥哥所规定的各项条件,当然可以进房去了。

总而言之:除第一步是上了1级即应退回地板上之外,其后的走法都是升了3级退下1级,然后再升,以达楼顶。从地板到楼板,每1级都走过两级。这样就完全符合了原题所列的各项条件。

巧设电梯

新设计的环形贸易中心大楼共有7层。为了节省时间,加速顾客的输送,计划安排一定数量的电梯。

现在,计划每架电梯只停靠3个楼面。为了使各层楼面的顾客都能乘电梯直达他所要去的其他层楼面,包括最低层,你能否计算出在这一幢7层大楼中,最少要设置几架电梯?每架电梯又应停靠哪3个楼面?

答案: 全幢大楼共有7层,每一层楼面上的顾客要到其余6层楼楼面去,就相当于提出了6种"乘梯要求",7层楼面就有42种要求(6×7=42)。可是从第一层上升到第二层的要求,同第二层下降到第一层的要求可以由同一架电梯来完成,因此,这二种要求,实际上属于同一种要求。推而广之,上述42种要求,只有一半,即21种不同的要求。由于每架电梯允许停靠3个楼面,所以每架电梯就能解决3种要求,21种要求只要7架电梯(21÷3=7)就能全部解决了。

这7架电梯的安排方法有很多种,这里只列举其中的一种方法(见下图)。

电梯号	1	2	3	4	5	6	7
梯 七				○	○	○	
六			○	○			
五	○				○		
四		○				○	○
三	○				○		
二		○	○		○		
层 一	○	○		○			

海外来客

一架喷气式客机在昆明机场缓缓降落。120名外国朋友陆续走出机舱。这架客机从澳大亚利起飞,停靠新加坡、马来西亚、泰国和缅甸,最后到达我国的昆明。

客机设有旅客席位120个。在澳大利亚起飞时,机上座无虚席。尽管在沿途各站停靠时,都有旅客上,但机舱内始终保持满座。已经知道,各站上飞机的旅客都是该国公民,而各国乘客在每个沿途停靠站下飞机的人数又都各自相等。例如澳大利亚的旅客,在全线5个停靠站中,每站下去人数均为五分之一。

请问这架客机到达昆明机场时,在120位来客中,澳、新、马、泰、缅各国友人各占几名?

答案:这架客机是从澳大利亚起飞的,根据"各国上飞机的旅客都是该国公民"这一点,可知起飞时,120名乘客全是澳大利亚人。

据"各国乘客,在沿途各个停靠站下机的人数又都各自相等"一语测算,澳大利亚乘客在沿途各站下机人数为:120÷5=24(人)。

从客机"在沿途各国停靠时,都有旅客上下,但机舱内始终保持满座"这句话中,可知飞机在新加坡降落时,有24名澳大利亚人下机,24名新加坡人补足席位。

依次类推,在马来西亚有24名澳大利亚人和6名新加坡人下机,30名马来西亚人上机。

在泰国,下机人数为:24名(澳大利亚)+6名(新加坡)+10名(马来西亚)=40名,同时有40名泰国人上机。

在缅甸,下机人数为24名(澳)+6名(新)+10名(马)+20名(泰)=60名,而有60名缅甸人上机。

最后,客机在昆明降落时,这120名海外来客中,包括澳大利亚客人24人,新加坡客人6人,马亚西亚客人10人,泰国客人20人和缅甸客人60人。